Richard Mühe   Helmut Kahlert   Beatrice Techen

Kuckucks
Uhren

Callwey Verlag

Impressum:

© 1988 by Deutsches Uhrenmuseum,
Furtwangen.
Vertrieb der Buchhandelsausgabe
Verlag Georg D. W. Callwey, München.
Alle Rechte vorbehalten, auch die
des auszugsweisen Abdruckes, der
photomechanischen Wiedergabe
und der Übersetzung.
Gestaltung: Uli Nocke, Mainz.
Gesamtherstellung:
Leitz Druck, Furtwangen.
Printed in Germany.
ISBN 3 7667 0909-7

Photos:
M. Mühe, R. Mühe, B. Techen.
Photo-Maier, Furtwangen S. 26, 27)
Landesbildstelle Baden, Karlsruhe
(Umschlaginnenseite)
Fam. Josef Dold, Schonach
(S. 101, 102/103)

Inhaltsverzeichnis

Vorwort

Die Kuckucksuhr gilt gemeinhin als die „typische" Schwarzwalduhr, um die sich Geschichten und Legenden ranken. Trotz des allgemeinen Interesses bei Uhrenfreunden, Museumsbesuchern und Heimatforschern gibt es wohl zahlreiche Veröffentlichungen zu einzelnen Aspekten dieses Uhrentyps, jedoch noch kein Buch zum Thema Kuckucksuhr. Am Deutschen Uhrenmuseum haben sich die drei Autoren des Problems angenommen und beleuchten es besonders anhand des dort reichlich vorhandenen Materials von verschiedenen Seiten. Die technische Entwicklung der Werke und Gehäuse wird angesprochen, doch ebenso auch das kulturgeschichtliche und sozio-ökonomische Umfeld. Diese verschiedenen Komponenten erlaubten eine breite Fächerung innerhalb des Themas „Kuckucksuhr" und bieten damit dem fachlich versierten wie dem allgemein interessierten Leser, sei er Uhrensammler, Museumsbesucher oder Heimatfreund, ein Werk zur Information und Erbauung. Statt umfangreicher Fußnoten bevorzugten wir zwecks leichterer Lesbarkeit ein umfassendes Literaturverzeichnis. Der Gestaltung von Buch und Umschlag wurde besondere Aufmerksamkeit geschenkt. So entstand das erste deutschsprachige Buch über Kuckucksuhren, nachdem in den USA Karl Kochmann 1978 ein Buch in englischer Sprache veröffentlicht hatte. Neben den Autoren gibt es bei einem solchen Projekt Institutionen und Privatleute, die wesentlich zum Gelingen beitragen. Ihnen sei an dieser Stelle herzlich für gute Kooperation gedankt. Verschiedene Privatsammler steuerten interessante Objekte bei. Das Badische Landesmuseum in Karlsruhe und Bruchsal, das Landesmuseum für Technik und Arbeit in Mannheim, die Stadt St. Georgen, das Schwarzwald-Museum in Triberg haben ebenso wie das Franziskaner-Museum in Villingen und das Heimatmuseum/Uhrenmuseum in Schwenningen mit ihren Uhren und der dort gefundenen Hilfe zum Werden dieses Buches beigetragen. In zahlreichen Gesprächen konnten Details und technische wie auch kunsthistorische Probleme beleuchtet und gelöst werden. Für immer fällige Ergänzungen und neue Erkenntnisse, die durch ein solches Buch angeregt werden, bleibt Platz in einer späteren Auflage.

Prof. Dr. Richard Mühe
Prof. Dr. Helmut Kahlert
Beatrice Techen, M. A.

Zur Entstehung der Kuckucksuhr

Der Altmeister der Geschichtsschreibung über Schwarzwälder Uhren und Uhrmacher, Adolf Kistner, beginnt 1927 das Kapitel zur Kukkucksuhr mit folgenden Worten: „Über der Geschichte der seit ihrer Entstehung außerordentlich beliebten Kuckucksuhr, in der die Allgemeinheit d i e Schwarzwalduhr erblickt, liegt wohl für immer tiefes Dunkel." An dieser Situation hat sich bis heute wenig geändert. Standardwerke zur allgemeinen Uhrenhistorie ebenso wie moderne Bücher zur Schwarzwalduhr legen die Entstehungszeit in die Jahrzehnte zwischen 1730 und 1750 und sprechen meist einem Mitglied der Familie Ketterer aus Schönwald die Erfinderehre zu.

Wer Spaß daran hat, kann das Aufkommen dieser Meinung in den Schriften des 19. Jahrhunderts zurückverfolgen und wird dabei feststellen, daß die Angaben zur Entstehungsgeschichte der Kuckucksuhr fast ausschließlich auf zwei Quellen zurückgehen, auf die „Geschichte der Schwarzwälder Uhrmacherkunst" von Pater Franz Steyrer (1796) und auf die zuerst als Zeitschriftenbeitrag (1810 ff.) und später als Nachdruck (1826) erschienenen „Darstellungen der Industrie und des Verkehrs auf dem Schwarzwald" von Pfarrer Markus Fidelis Jäck. Leider widersprechen sich jedoch die beiden Schriften in wesentlichen Punkten.

Bei Steyrer lautet (1796) die zentrale Stelle: „Indessen, als zwei Uhrenhändler Joseph Ganter aus der Neukirch und Joseph Kammerer aus Furtwangen auf ihrer Handelsreise waren, – die Steyrer an anderer Stelle seiner Schrift „um das Jahr

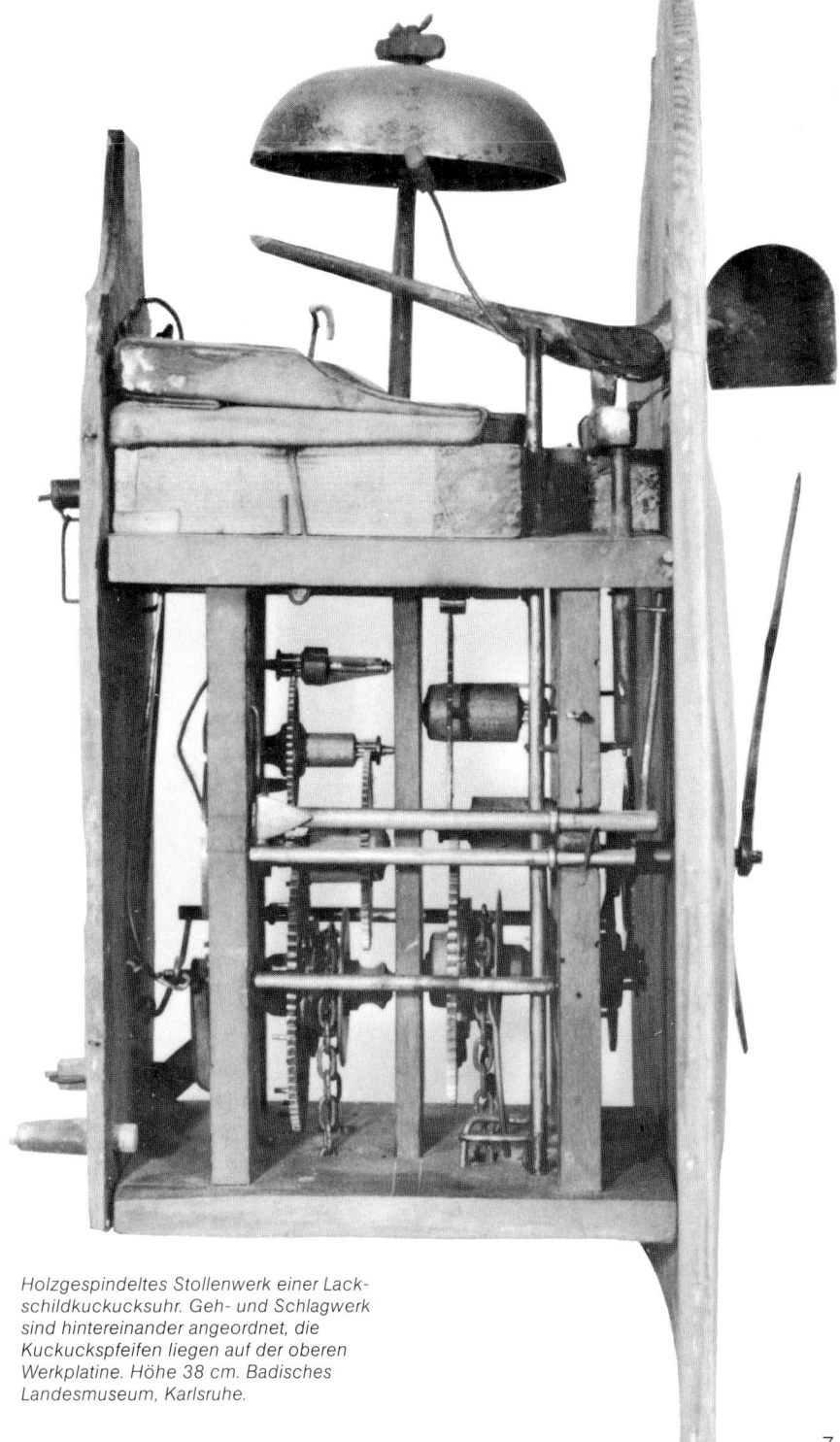

Holzgespindeltes Stollenwerk einer Lackschildkuckucksuhr. Geh- und Schlagwerk sind hintereinander angeordnet, die Kuckuckspfeifen liegen auf der oberen Werkplatine. Höhe 38 cm. Badisches Landesmuseum, Karlsruhe.

1742" ansetzt – begab es sich, daß sie einen Handelsmann aus Böhmen antrafen, welcher hölzerne Guckgucksuhren verkaufte. Diese Neuigkeit, welche ihnen reizend in die Augen fiel, hinterbrachten sie bei ihrer Rückkehr alsbald dem Michael Dilger aus der Neukirch und dem Matthäus Hummel oder Jägerstieger in der Glashütte, welche hierüber sehr erfreut ohne Anstand dergleichen Guckguckuhren nachmachten." Vom ehemals bedeutenden Uhrmacherdorf Neukirch aus war Furtwangen in einer, das Haus des „Jägerstiegers" in anderthalb Gehstunden zu erreichen.

Jäck hingegen formulierte (1810): „Franz Anton Ketterer aus Schönwald verfertigte anfangs der Jahre 1730 eine Uhr, die er mit einem sich bewegenden Vogel zierte, welcher mit dem Gukuk-Ruf die Stunde ankündigte. Die Idee dazu gab ihm der Blasbalg einer Kirchenuhr." Obwohl diese Formulierung eindeutig auf die frühen 1730er Jahre hinweist, wurde von späteren Autoren nicht selten unter Berufung auf Jäck schlichtweg das Jahr 1730 angesetzt.

Ihrer großen Bedeutung wegen soll bei den zwei Schriften und ihren Autoren noch ein wenig verweilt werden. Die Veröffentlichung von Steyrer dürfte im wesentlichen kurz vor 1790 entstanden sein. Bis zu diesem Jahr war er Hilfsbibliothekar im Benediktinerkloster St. Peter, danach übernahm er eine Pfarrstelle in Eschbach im Breisgau. Diese Ansicht wird gestützt durch eine Textstelle im Tagebuch seines Abtes Ignaz Speckle, dem Steyrer das Bändchen widmete: „Unterdessen ward in Freiburg die kleine Geschichte von der Uhrmacherei gedruckt, welche P. Franz schon vor einigen Jahren zusammengeschrieben hatte" (1796), Jäcks Veröffentlichung entstand während seiner

Tischuhr mit Trompeter. Gehäuse im Stil der Neorenaissance mit Säulenflankierung, aufgesetzten Knäufen, Draperie mit Fabelwesen. Furtwangen um 1880. Höhe 52 cm. Privatsammlung.

Amtszeit als Pfarrer in Gütenbach (1804 – 1808) und Triberg (1808 – 1813).

In der ersten Hälfte des 19. Jahrhunderts kamen in der Sekundärliteratur beide Autoren zu ihrem Recht, doch dann setzte sich Jäcks Version immer stärker durch, die auch Eingang gefunden hatte in die offiziösen Lexika des Großherzogtums Baden von 1816 und 1844. Zweifellos entspricht Jäcks Aussage, wonach die Kuckucksuhr im Schwarzwald erfunden wurde, Heimatstolz und Nationalgefühl in einem höheren Maße als Steyrers Bericht, der lediglich den gekonnten Nachbau einer fremden Erfindung verzeichnet. Erst in jüngster Zeit gewinnt Steyrers Darstellung wieder an Gewicht, was auch auf das steigende Interesse an Holzräderuhren zurückzuführen ist. Holzuhrenbau war im 17. und 18. Jahrhundert in verschiedenen Regionen Mitteleuropas heimisch und der Vergleich alter Holzräder-Kuckucksuhren aus verschiedenen Gebieten ließ Zweifel aufkommen am Erfindungsmonopol des Schwarzwaldes.

Druck vom Abguß eines holzgeschnitzten Druckstockes für die Dekoration eines Barockschildes. Figürliche Darstellung eines Bärentanzes. Höhe 30 cm.
Augustiner-Museum, Freiburg.

Bemalte Lackschilduhr mit Kuckuck, Säulendekor und Blumen im Schildbogen. Sehr detaillierte und sorgfältige Darstellung von Rosen, Tulpen und Veilchen. Werk s. S. 7. Höhe 38 cm.
Badisches Landesmuseum, Karlsruhe.

Beim kritischen Vergleich der beiden Schriften von Steyrer und Jäck fällt Verschiedenes auf. Wenn man einmal von Personen absieht, die dem Kloster nahegestanden haben, so ist Steyrer eher zurückhaltend mit Jahreszahlen. Fast alle Zeitangaben, die in Zusammenhang mit Technologie, Uhrentypen und Werkzeug in der Literatur genannt werden, gehen auf Jäck zurück. Ferner ist zu bemerken, daß Jäck, abgesehen von den beiden zitierten Sätzen, keine weiteren Hinweise zur Kuckucksuhr liefert. Steyrer hingegen erwähnt zusätzlich, wie überraschend schnell sich dieser Uhrentyp in der Produktion durchgesetzt hat – „so ging schier auf einmal das Guckguckuhrenmachen auf dem Schwarzwalde in Schwunge" –, er nennt weitere Uhrmachernamen und Preise.
Der Freiburger Wirtschaftshistoriker Eberhard Gothein (1892) geht bei den Kuckucksuhren davon aus, daß Steyrer und Jäck verschiedenen örtlichen Traditionssträngen folgten und deshalb zu unterschiedlichen

Aussagen kamen. Adolf Kistner (1927) nennt beide Veröffentlichungen „völlig veraltete, reichlich einseitige Zweckschriftchen", sicher eine zu harte Beurteilung. Natürlich ist bei beiden Autoren deutlich erkennbar, daß sie die Geschicklichkeit und den Gewerbefleiß der Schwarzwälder besonders hervorheben wollen, doch das mit Berechtigung. Immerhin galt in der ersten Hälfte des 19. Jahrhunderts die Schwarzwälder Uhrmacherregion als besonders geglücktes Modell des Hausgewerbes, das zu verschiedenen Nachahmungen angeregt hat, etwa auf der Schwäbischen Alb (Heuberg), im Erzgebirge (Carlsfeld) oder im österreichischen Waldviertel (Karlstein). Auch örtliche Rivalitäten lassen sich nicht ausschließen, denn jedes Uhrmacherdorf war stolz auf seine Leistungen und neigte dazu, die Verdienste der Nachbarorte abzuwerten. Gütenbach und das Kloster St. Peter liegen zwar nur knapp 10 km Luftlinie auseinander, doch dazwischen befindet sich das tiefeinge-

*Anzeige einer Schwarzwälder Kuckucks-
uhrenfabrik. Aus: Süddeutsche Uhrmacher-
zeitung, 1904.*

schnittene Wildgutachtal. Noch zu
Beginn des 19. Jahrhunderts rühmte
sich Abt Speckle von St. Peter, daß
er wohl der erste Geistliche gewesen sei, der durchgezogen ist. Von
St. Peter aus war die Verbindung
zum Fürstenbergischen hin recht
eng, während Gütenbach, der Pfarr-
sitz von Jäck, zum vorderösterreichi-
schen Amtsbezirk Triberg zählte. Der
Name Ketterer taucht trotz zahlrei-
cher anderer Uhrmachernamen bei
Steyrer nicht auf, Jäck wiederum
nimmt an keiner Stelle Bezug auf
die Schrift seines Vorgängers. Vielleicht spielt dabei auch eine theolo-
gische Kontroverse mit, die der dem
Reformflügel um Wessenberg nahe-
stehende Pfarrer Jäck mit den
damals konservativen Benediktiner-
patres von St. Peter auszufechten
hatte.
Kompliziert wird die Frühgeschichte
der Kuckucksuhr noch dadurch, daß
man den drei namentlich erwähnten
Uhrmachern die Erfindung bzw. den
gekonnten Nachbau der Kuckucksuhr ohne weiteres zutraut. Selbst

eine unabhängig voneinander
erfolgte Mehrfacherfindung, und aus
der Technikgeschichte sind Beispiele bekannt, läßt sich nicht mit
letzter Sicherheit ausschließen.
Michael Dilger, gen. Gosenmichele,
starb 1791 in hohem Alter in Neukirch und zählte dort zu den
bekanntesten Vertretern seines
Fachs. Ganz besondere Leistungen
werden auch dem Matthäus Hummel, gen. Jägerstieger, zugeschrieben, der 1720 in Glashütte geboren
wurde. Er baute sehr früh schon
Glockenspieluhren mit beweglichen
Figuren und hat wahrscheinlich
auch die „kleinen hölzernen Sackuh-
ren" gefertigt, von denen die Chronik von St. Peter 1753 berichtet.
Hummel war außerdem ein guter
Geschäftsmann, denn ihm ist es
gelungen, mit Hilfe der virtuos
beherrschten Uhrmacherei vom
„Häuslebauern" zum Hofbauern auf-
zusteigen. Im Jahre 1772 übergab
er das Anwesen, den Jägerstieg,
seinem Sohn und kaufte sich in Nie-
dereschach einen Bauernhof.

Große Verwirrung stiftete Jäck durch
den Namen Franz Anton Ketterer,
der nach 1730 die Kuckucksuhr
erfunden haben soll. Wie Gerd Bender nachgewiesen hat, wurde Franz
Anton jedoch erst 1734 geboren, so
daß entweder der Name oder die
Zeitangabe nicht stimmen kann.
Damit tritt Franz Ketterer, der Vater,

12

stärker in den Vordergrund. Er wurde wahrscheinlich 1676 in Furtwangen geboren, heiratete 1715 in Schönwald und starb dort 1753. Wie die Chronik von Schönwald belegt, besaß Franz Ketterer, der Treyerfranz, (Treyer = Dreher, Drechsler) bis 1736 ein Häuslein im oberen Dorf und sodann von 1736 bis 1748 ein Anwesen mit eigenem Werkstattgebäude. Dies beweist seine Sonderstellung, denn üblicherweise produzierten die hausgewerblichen Schwarzwälder Uhrmacher in den Wohnstuben.

Überraschung lösten im Jahre 1930 auch einige im wesentlichen gleichlautende Artikel des Schönwälder Kuckucksuhren-Fabrikanten Karl Joseph Dold aus, wonach 1789 der Obervogt von Triberg, Franz Joseph von Pflummern, über die Kuckucksuhr berichtet haben soll. „Die Schönwälder haben den Ruf, daß drei von den Erfindern neuer Schwarzwalduhren ihrem Ort angehören, es sind dies Franz Ketterer ... ferner Johann Duffner ... weiter Anton Ketterer ..., welcher im Jahre 1730 die erste Kuckucksuhr erstellte". Leider hat es der Autor versäumt, die Fundstelle näher zu bezeichnen, so daß sie nicht wieder aufgefunden werden konnte. Außerdem sollte in diesem Zusammenhang bedacht werden, ob die Schwarzwälder Uhrmacher bereits 1730 von dem Stand der Uhrentechnik her gesehen in der Lage waren, die im Vergleich zu den üblichen 12-Stunden-Uhren mit Waaghemmung doch komplizierteren Kuckucksuhren zu bauen.

Nach einer Reise von St. Blasien über den Schwarzwald in die Rheinebene diktierte am 15. Juli 1762 in Kirchhofen der Prälat Giuseppe Garampi, damals Präfekt des Vatikanischen Archivs und somit ein recht verläßlicher Gewährsmann, seinem Sekretär: „Die Holzuhren (orologi di legno) werden in dieser Gegend in sehr großen Mengen (grandissima copia) hergestellt, und wenn sie auch schon früher nicht ganz unbekannt waren, so hat man sie doch jetzt vervollkommnet und begonnen, mit dem Ruf des Kuckucks auszustatten." (incominciato a farli col suono del cuccù). Eine Kuckucksuhr, allerdings ohne Herkunftsbezeichnung, wird auch erwähnt in einer Rechnung des Klosters Amorbach im Odenwald von 1758: „Für eine Gugucksuhr und Reparation derselben 17 fl. (Gulden) 20 kr. (Kreuzer)". Um 1790 werden Kukkucksuhren mehrfach in Reiseberichten erwähnt, in den gleichen Zeitraum fallen auch erste Hinweise in der schöngeistigen Literatur.

Mit eigenem Schlagwort erscheint die Kuckucksuhr 1835 in Pierers Universal-Lexikon: „Kuckucksuhr, eine gewöhnliche hölzerne Uhr, die den Stundenschlag durch einen den Kuckucksruf nachahmenden, von Holz und Leder verfertigten Kinderspielkuckuck hervorgebrachten Ton ersetzt, oder diesen Ton nach oder mit dem Schlagen der Uhr erschallen läßt. Meist ist ein Kuckuck oder ein bunter Vogel, der den Kuckuck vorstellen soll, angebracht, der bei dem Schlagen durch ein sich öffnendes Türchen über dem Zifferblatt zum Vorschein kommt, und bei jedem Schlag sich neigend den Schnabel aufsperrt."

Welche Merkmale kennzeichnen also die Kuckucksuhr? Entscheidend ist der zu bestimmten Zeitpunkten automatisch ausgelöste Kuckucksruf, was einen entsprechenden Tongeber voraussetzt und einen spezifischen Steuermechanismus. Wer das Problem zuerst gelöst hat, zwei mit Pfeifen verbundene Blasebälge erst selbsttätig aufzurichten, sie also mit Luft zu füllen, um sie dann kurz nacheinander wieder zusammenfallen zu lassen,

Anzeige in einer amerikanischen Fachzeitschrift. Kuckucksuhren in Bahnhäusleform nach Schwarzwälder Vorbild.
Aus: Jewelers Circular Weekly, 1904.

wobei sich dieser Vorgang je nach anzuzeigender Stunde mehrmals wiederholt, der kann als Erfinder der Kuckucksuhr gelten. Erwartet wird bei einer Kuckucksuhr außerdem, daß sich synchron zum Ruf ein Vogel bewegt. Sekundär hingegen ist die Frage, welche Bewegungen dieser Vogel ausführt, ob er ständig sichtbar oder durch Türchen verborgen ist, oder ob mit dem Kuckucksruf zusammen noch andere Klangkörper, etwa Glocken oder Tonfedern, aktiviert werden.

Die Anregung, eine Uhr mit Kuckucksruf zu bauen, kann von verschiedenen Seiten ausgegangen sein, von mittelalterlichen Kunstuhren mit krähendem Hahn, von der Kombination Blasebalg-Flöten bei den Kirchenorgeln, vielleicht auch von Pfeifen, die Jäger zur Nachahmung von Wildrufen benutzt haben – oder Kinder als Spielzeug. Bisher nicht nachgeprüft werden konnte ein Hinweis, wonach der Kuckucksmechanismus bereits im Italien der Barockzeit bekannt war, was in dem Band „Horologi Elementari" von Domenico Martinelli (Venecia 1669) dokumentiert sein soll.

Auch gegenwärtig gibt es also über die Entstehung der Kuckucksuhr nur begründete Vermutungen oder gewagte Spekulationen, doch relativ wenige nachprüfbare Fakten. Noch so häufiges Wiederholen schafft allenfalls trügerische Sicherheit, geradezu exemplarisch läßt sich dieser Prozeß an Veröffentlichungen über die frühe Geschichte der Kuckucksuhr feststellen. Ein Uhrentyp, der ohnehin die Phantasie beflügelt und der zudem zum Symbol einer Landschaft werden konnte, ist besonders anfällig für Legendenbildung. Ein Zufallsfund in Archiven oder eine Holzräderuhr, die unbeachtet im Magazin eines Museums schlummert oder irgendwo in Europa auf einer Bauernbühne, kann

neue Erkenntnisse bringen und noch so raffinierte Gedankengebäude oder Indizienbeweise hinwegfegen. Da auch die Meinungen der Verfasser in einzelnen Punkten auseinandergehen, wurde auf den vorangegangenen Seiten eine Reihe von Hinweisen und Anhaltspunkten aufgelistet. Jetzt liegt es beim Leser, sich selbst zu folgenden Fragen ein Urteil zu bilden:

Ist die Kuckucksuhr eine Schwarzwälder Erfindung, oder wurde das technologische Konzept von auswärts übernommen und lediglich weiterentwickelt?
Unabhängig davon, wie die vorangegangene Frage beantwortet wurde, welcher Uhrmacher hat im Schwarzwald als erster Kuckucksuhren gebaut? Sein Wohnort könnte auch den Prioritätenstreit zwischen einzelnen Gemeinden schlichten.
In welchem Jahr (oder in welchem Zeitraum) entstand die Ursprungserfindung, bzw. wann wurden im Schwarzwald die ersten Kuckucksuhren gefertigt?

Ein Faktum bleibt jedoch bestehen: Im Schwarzwald wurde die Kuckucksuhr zur Volksuhr. Die hausgewerblichen Uhrmacher dieser Region und später die Uhrenfabriken entwickelten diesen Uhrentyp vielfältig weiter, und die Uhrenhändler machten ihn weltweit bekannt. Wenn ein Reiseschriftsteller des späten 18. Jahrhunderts berichtet, „von den Kuckucksuhren gehen Schiffsladungen nach St. Petersburg und dann nach China", dann ist das sicher bei mengenmäßiger Betrachtung eine grobe Übertreibung, und man muß Friedrich Nicolai zustimmen, wenn er spöttisch bemerkt: „Höchst ungereimt! Wußte der Mann wohl, ... wieviel zu einer Schiffsladung hölzerner Uhren gehört? Und sind denn alle hölzernen Uhren Kuk-

kucksuhren?" Doch wenn dann eine englische Quelle, wiederum aus der gleichen Zeit, davon spricht, daß tatsächlich auf dem chinesischen Uhrenmarkt Kuckucksuhren eingeführt und verkauft wurden, dann stammten diese mit sehr hoher Wahrscheinlichkeit aus dem Schwarzwald. Die Kuckucksuhr hat das Hausgewerbe überlebt und die langen Jahrzehnte der mechanischen Fabrikuhr. Doch auch im Zeitalter der Quarzuhren noch wirken ihre akustischen und optischen Reize. Seit ungefähr 250 Jahren gehört die Kuckucksuhr zum Fertigungs-und Verkaufsprogramm der Schwarzwälder Uhrenregion.

Holzgespindeltes Werk einer Schwarzwälder Kuckucksuhr. Geh- und Schlagwerk sind hintereinander angeordnet. Um 1820. Höhe 15,6 cm. Deutsches Uhrenmuseum, Furtwangen.

Design und Technik

Zur Einführung in Design und Werke

Kuckucksuhren kennt man schon lange, doch wenn heute von Kuk-kucksuhren die Rede ist, hat man in der Regel einen ganz bestimmten Uhrentyp vor Augen: ein Gehäuse, das entfernt an ein Haus gemahnt; ein Viereck mit aufgesetztem Drei-eck, und dies mit mehr oder weniger Schnitzerei verbrämt. Meistens sind es Tiere des Waldes und Reblaub, die das Bild bestimmen.

Das Werk dahinter ist dabei von geringerer Relevanz, doch der Gedanke, die Idee dieser Uhr, ist durch ein akustisches Signal geprägt: den Kuckucksruf. Dieser erst macht eine Uhr zur Kuckucks-uhr und definiert so unabhängig von Gehäuseformen oder Uhrwerken einen Uhrentyp.

Das ist unser Bild von einer Uhren-art, die seit 250 Jahren im Schwarz-wald existiert und damit eine lange Geschichte aufweist. Diese Geschichte soll hier unter zwei Aspekten betrachtet werden: dem des Gehäuseaussehens, dem Gehäusedesign und dem des Werk-designs. Die äußere Gestalt eines Objektes wird von uns zuerst wahr-genommen, dann erst kommen die technischen Merkmale, die sich in der Regel hinter dem Äußeren ver-bergen.

Typische Kuckucksuhr in geschnitzter Bahnhäusleform mit Kuckuck und Wachtel. Dekora-tion mit plastisch geschnitztem Laubwerk und Vögeln, Beinzeiger und -ziffern, Tannenzapfen-gewichte. Um 1880. Höhe 55 cm. Deutsches Uhrenmuseum, Furtwangen.

Bei der Kuckucksuhr jedoch ist es ein technisches Spezifikum, das den Uhrentyp definiert. Kuckucksuhren sind nach ihrer Konstruktion den Männle-, Figuren- oder Automatenuhren des Schwarzwaldes zuzuordnen. Diese immer besonders beachteten Schwarzwälder Uhren unterscheiden sich nur durch recht einfache Zusatzmechanismen von den gängigen Uhren ihrer Zeit. Dementsprechend finden wir ihre Werke in fast allen Bauarten der Schwarzwälder Uhren, was im übrigen auch auf die äußere Gestaltung dieses Uhrentyps zutrifft.

Mit hölzernen Uhrwerken, Holz-Metall- und schließlich vollen Metallwerken treten wohl alle Werkvariationen auf, die in den 250 Jahren Kuckucksuhren-Geschichte als Schwarzwälder Uhren gefertigt wurden. Wenn dabei eine Werksart stärker betont oder eine andere unterrepräsentiert erscheint, so dürfte das – auch bei der Fülle des gesichteten Materials – an einer zufälligen Erhaltung der speziellen Uhr liegen.

Das Kuckuckswerk ist im Normalfall ein Schwarzwälder Uhrwerk der jeweiligen Bauperiode, dem zusätzlich zum üblichen Halbstunden-oder Stundenschlagwerk eine Anordnung zum Betätigen der Blasebälge für die beiden Kuckuckspfeifen und ein Hebelmechanismus zur Bewegung des Kuckucks beigefügt sind.

Die beiden Pfeifen, ursprünglich quer auf der oberen Werkplatine unter den Blasebälgen liegend, sind am häufigsten in der Tonfolge der Quart mit den Tönen e-h (e" = 659 Hertz und h' = 494 Hertz) zu finden. In der Regel werden dafür gedeckte Lippenpfeifen von etwa 13,5 cm und 10 cm Länge verwendet. Abweichungen von einigen Millimetern sind offenbar durch unterschiedliche Konstruktionsmerkmale bedingt. Die Quart wurde verschiedentlich mit kürzeren Pfeifen in den Tonhöhen

1030 und 769 Hertz benutzt. Gelegentlich wird der Kuckucksruf auch mit der kleinen Terz f-d oder e-cis, sowie mit der großen Terz fis-d, der Quart f-c und anderen Intervallen verwirklicht.

Mit dem Schlagmechanismus zur Betätigung von Glocke oder Tonfeder werden gleichzeitig über Hebel und Drähte die beiden Blasebälge für die Kuckuckspfeifen nacheinander gehoben, wonach sie zur Erzeugung des Kuckucksrufes zurückfallen können.

Der Kuckuck wird bei den ältesten Uhren oft garnicht bewegt, nur sein Schnabel öffnet sich, während meistens die Kuckuckstür vor ihm geöffnet wird. Bei den Uhren ab etwa 1800, gelegentlich auch schon früher, wird der Kuckuck, auf einem Hebel befestigt, beim Schlagen zur Tür geschwenkt und bewegt sich dann in der Öffnung. Diese Funktion kann unschwer vom Schlagwerk der Uhr abgeleitet werden.

Der grundsätzliche Aufbau eines Werkes und die verwendeten

Typisches Kuckucksuhrenwerk mit hölzernen Stabplatinen und Räderwerk aus Metall, wie es seit Mitte des 19. Jahrhunderts üblich war. Rückansicht bei entfernten Platinen. Höhe 16,5 cm.
Deutsches Uhrenmuseum, Furtwangen.

Bezeichnungen sollen anhand eines gängigen Schwarzwälder Uhrwerkes erklärt werden. Dieses Werk mit hölzernen Stabplatinen aus der Mitte des 19. Jahrhunderts ist eine typische Ausführung der Übergangszeit von der gewerblichen Uhrenherstellung auf die industrielle Fertigung.

Das Holzgestell aus mindestens zu einem gewissen Grade genormten Bauteilen hat die Höhe über beide Platinen von 16,6 cm. Die unterschiedlichen Dicken der verwendeten Hölzer liegen zwischen 0,8 und 1,2 cm. Von hinten gesehen ist das

Werk in Stabplatinenbauweise aufgebaut, die Eckstäbe dienen zuerst zum Aufbau des Werkskörpers, zusätzlich aber auch der Lagerung verschiedener Hebel. Die beiden mittleren Stabplatinen mit eingesetzten Messingfuttern lagern Geh- und Schlagwerk. Vorn ist statt dieser beiden Stabplatinen eine größere Holzplatte von 9 cm Breite verwendet worden.

Das Räderwerk hat stabile, etwa 2 mm dicke Messingräder mit Stahlwellen und Laternentrieben. Die Zapfen sind relativ ungleichmäßig bearbeitet, jedenfalls nicht als zylin-

Dasselbe Werk mit geschlossenen Rückplatinen und aufgesetzter Schloßscheibe.

Vorderansicht dieses Werkes mit Zeigerwerk.

drisch polierte Wellen. Das Gehwerk – Walzenrad mit Kettenstern und Gesperr, Zwischenrad und Ankerrad – dient zusammen mit dem Blechanker zum Antrieb des Eintagewerkes. Der Anker ist mit zwei Messingstreifen, die auf die Stabplatinen geschraubt sind, gelagert. Das Zeigerwerk besteht aus dem Minutentrieb (Viertelrohr) – zentral auf der Vorderplatine gelagert –, dem Wechselrad, das mit einer Rutschkupplung auf die Welle des Walzenrades gesetzt ist und dem Stundenrohr. Zwei Stifte am Minutentrieb sorgen für die Auslösung des Stunden- und Halbstundenschlages. Das Schlagwerk, als Variante des typischen Schwarzwälder Schloßscheibenschlagwerkes gebaut, ist zusammengesetzt aus: – dem Antriebsrad mit Kettenstern und Hebnägeln; – der über ein Trieb auf dem Antriebsrad bewegten Schloßscheibe, die auf der linken Stabplatine gelagert ist; – dem Fallenrad mit Herzscheibe; – dem Anlaufrad mit Stift – und dem Windflügel. Die fünf sichtbaren Wellen mit Hebeln, seitlich gelagert, sind Fallen- und Auslösehebel, Sperrhebel, Hammerwelle sowie zwei Pfeifenwellen zum Antrieb der Blasebälge für den Kukkucksruf.

In ähnlicher Weise wurden die Schwarzwälder Uhrwerke und damit die geringfügig von den Normalwerken abweichenden Kuckucksuhrwerke in ihrer jahrzehntelangen Produktion aufgebaut. Ursprünglich sind die meisten Teile, also Räder und Hebel, im wesentlichen aus Holz gefertigt, in ihrer Funktion jedoch nicht verändert worden. Die modernen Werke unterscheiden sich mindestens bis 1900 in ihrem Grundprinzip ebenfalls kaum von dieser Konstruktion. Sie sind im Unterschied zu der genannten Platinenanordnung mit Messingplatinen ausgestattet, durchweg wesentlich klei-

ner, enthalten aber in erster Näherung identische Teile. Erst in den Zwanziger Jahren unseres Jahrhunderts wurden leichtere Kuckuckswerke, spezielle Konstruktionen „amerikanischer Bauart" in den Verkehr gebracht. Sie haben Schloßscheibenschlagwerke; erst in den fünfziger Jahren entstanden die heute üblichen Konstruktionen von Rechenschlagwerken, die sich durch spezielle Schlagwerksanordnungen und Bedienungsfreundlichkeit auszeichnen.

Seitenansicht desselben Werkes mit metallenen Schlagwerkswellen.

Diesem technisch-akustischen Merkmal entspricht bei der Kukkucksuhr kein bestimmter Gehäusetypus, so daß festzustellen ist, daß es „die Kuckucksuhr" nicht gibt. Die Bezeichnung einer Uhr leitet sich von ihrem Aussehen, seltener von ihrer technischen Ausführung ab, doch bei der Kuckucksuhr überlagert das technische Element des Kuckucksrufes alle anderen Merkmale.

So sind bei Kuckucksuhren fast alle Gehäuseformen und -varianten zu finden, die es in der Entwicklung der Schwarzwälder Uhren gegeben hat. Kuckucksuhren gibt es schon bei den frühesten Formen, auch bei den Lackschilduhren sind sie zu finden, und über Rahmen- und Biedermeierformen geht die Entwicklung weiter zum Bahnhäusletypus mit geschnitztem Dekor. Damit sind wir wieder bei dem Bild vom Anfang. Eine Darstellung des Gehäusedesigns der Kuckucksuhr ist damit in weiten Teilen eine Darstellung der Gehäuse von Schwarzwälder Uhren. Dabei ist festzustellen, daß um 1860 eine große Bandbreite an Gehäusemodellen vorhanden war, die die bis dahin hauptsächlich gebaute Lackschilduhr ablöste. Neue Gehäusebauarten tauchten danach kaum mehr auf, auch die Hersteller der Kuckucksuhren variierten die vorhandene Modellpalette der Schwarzwälder Uhren. Sie werden hier betrachtet, wobei der Streit: „wer ist denn nun der Erfinder" an anderer Stelle behandelt wird. Dazu ist festzuhalten, daß im Schwarzwald eine Massenproduktion von Uhren, also auch von Kuckucksuhren aufgezogen wurde, die offensichtlich nirgendwo ihresgleichen gefunden hat. Doch nun zu den Gehäusen und Werken im einzelnen.

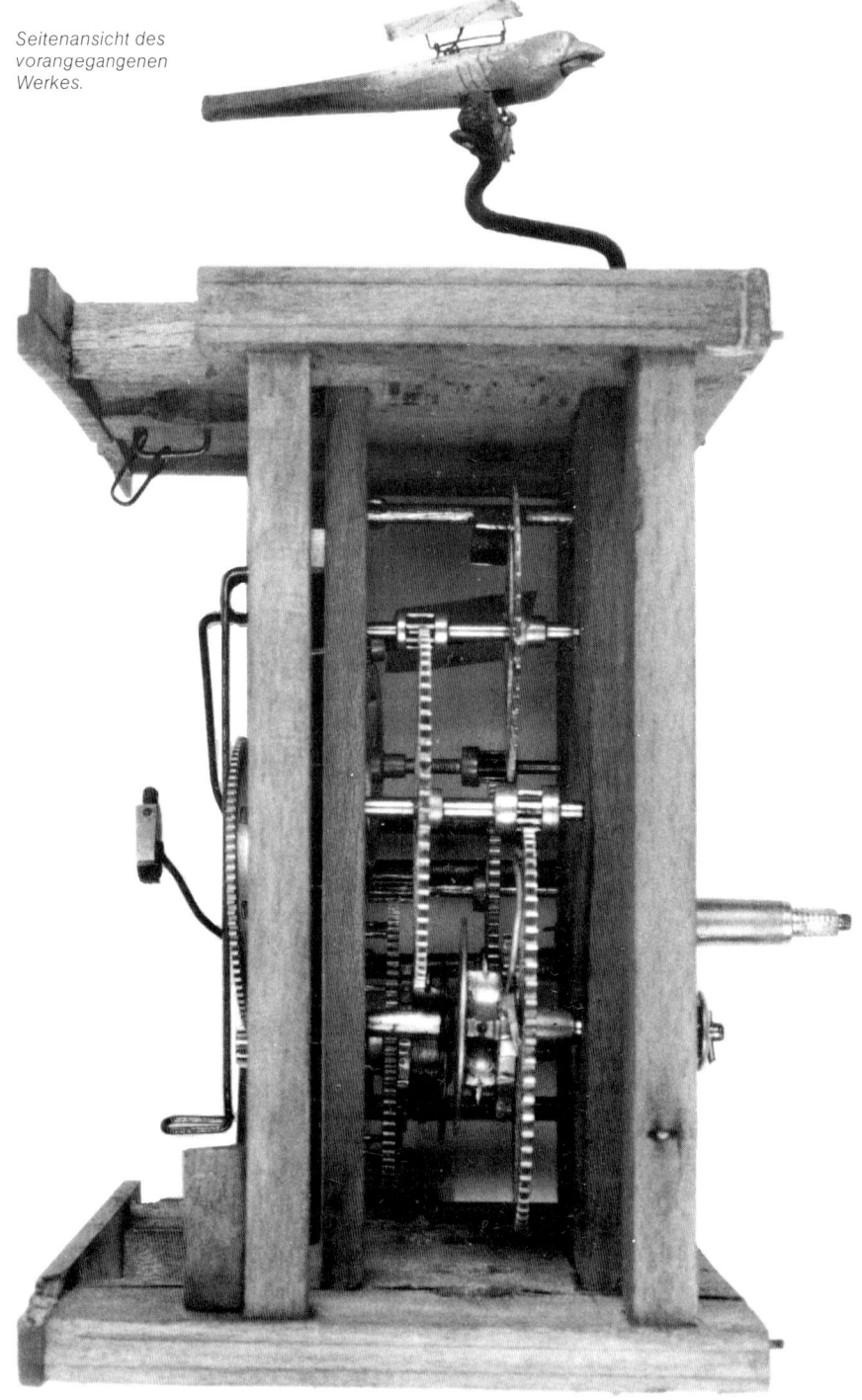

Seitenansicht des vorangegangenen Werkes.

Frühe Kuckucksuhren

An den Anfang stellt man in der Regel alles, was nicht Lackschilduhr ist. Mit dem Aufkommen des Lackschildes um 1780/90 wurde ein Gehäusedesign geschaffen, das, wenn man die Produktionszahlen zugrundelegt, längere Zeit verbindlich blieb. Die Lackschilduhr galt lange als die Schwarzwalduhr schlechthin. Von dem, was davor lag, findet der Interessierte nicht annähernd die Materialmenge, die er von der Lackschilduhr her kennt. So liegt es nahe, alles, was vor der Lackschilduhr kommt, als eine Gruppe zu behandeln. Die zu dieser Gruppe gehörenden Uhren können, vom Aussehen her betrachtet, als sehr individuelle Ausführungen aufgefaßt werden. Genormte Formen oder stereotype Dekorationen konnten bei ihnen nicht festgestellt werden. Dabei werden nicht die Werke betrachtet, da die Kombination von Werk und Schild nicht immer aus einer Zeit stammt. Wer will, kann von einer Experimentierphase sprechen, doch damit begibt man sich in das problematische Fahrwasser einer voraussehbaren Entwicklungsgeschichte, die nur bedingt nachzuweisen ist.

Ein Gestaltungselement, das sich sehr lange gehalten hat, ist schon bei diesen ersten bekannten Kuckucksuhren festzustellen: das Schild; ein dekoriertes Holzbrett, das dem Werk vorgeblendet wird und dieses seitlich überragt. Die Dekoration dieses Holzbrettes ist recht unterschiedlich.

Eines der frühen Beispiele, allerdings wohl nicht aus dem Schwarzwald, sondern eher aus dem bayerisch-fränkischen Raum, weist eine architektonisch gegliederte Front auf, die im Gegensatz zu späteren Objekten aus zwei Teilen mit je einem Giebel besteht. In diesen Giebeln befindet sich die Bogenöffnung für den Kuckuck. Diese beiden nebeneinander stehenden Teile sind durch zwei querlaufende Gesimse verbunden, aber sie haben jedes für sich eigene Dekorationselemente. Links befindet sich das Zifferblatt für die Viertelstunden. Darüber bewegen sich Sonne und Mond entlang der Stundenskala. Die rechte Seite wird von dem Figurenspiel einer Trinkszene und dem Kuckuck dominiert. Dieses Schild weist eine Reihe von bogenförmigen Öffnungen auf, die teilweise blind waren, teilweise weiteren Automaten dienten. Der Kuckuck ist nur Zusatz in einem schon komplexen mechanischen Zusammenhang.

Frühe Kuckucksuhr mit geschnitztem und bemaltem Schild. Umfangreiches, nicht voll rekonstruierbares Figurenspiel. Anfang 18. Jhdt. Höhe 47 cm. Badisches Landesmuseum, Karlsruhe.

Das Werk dieser hölzernen Waaguhr paßt offenbar in kein Schema einer häufiger gefertigten Schwarzwälder Uhr. Mit den Grundabmessungen 40 cm Breite, 43 cm Höhe und 25 cm Tiefe ist es komplett aus Holz hergestellt. Links befindet sich das Gehwerk mit Waaghemmung; auf einer gegen die Grundplatine dieses Werkes nach hinten versetzten Platinenanordnung sind Schlag- und Automatenwerke angebracht. Die Pfeifen für den Kuckucksruf stehen senkrecht vor dem Werk, zwischen ihnen ist eine Automatenfigur angebracht. Fallenhebel und alle Räder sind aus Holz, die Triebe als holzgespindelte Laternentriebe ausgebildet. Die Funktionen, die das Uhrwerk neben dem Schlag auf Glocken und dem Kuckucksruf ausgeführt hat, sind nicht mit Sicherheit zu identifizieren, die Fenster in der Vorderfront deuten jedoch auf ein komplexeres Figurenspiel hin. Vergleichende Betrachtungen legen nahe, daß der Ursprung dieser Uhr kaum im Schwarzwald liegen kann. Andere Modelle dieser frühen Kuckucksuhren zeigen eine einheitlichere Gestaltungsform des Schildes. Eine vertikale Zweiteilung ist nicht vorhanden, das Schild ist im oberen Bereich teilweise mit gesägten Schweifungen versehen und hat nur den Kuckuck als Zusatzfunktion. Die Dekorationstechnik entspricht der gewöhnlicher Schilder dieser Zeit. Bilder und Schmuckformen wurden auf Papier gemalt, teilweise gedruckt, manchmal auch koloriert und dann auf das ausgesägte Schild geklebt. Auch die Bemalung direkt auf das Holzschild ist vertreten. Bei den hier vorgestellten Schildern ist die Dekoration sehr unter-

Werkansicht der genannten Uhr. Holzwerk mit Balkenwaag. Neben- und hintereinander angeordnete Werke. Vorn die senkrecht stehenden Kuckuckspfeifen. Höhe 43 cm. Badisches Landesmuseum, Karlsruhe.

schiedlich. Zum einen gibt es Formen, die den Einfluß barocker Stilelemente aufweisen: Architekturteile wie Voluten im oberen Bereich, eher an Formen aus der Emblematik erinnernde florale Elemente in den Zwickeln. Im Zentrum findet man dagegen eine einfache Darstellung von Haus und Baum, die als bildliche Dekoration die abstrakte Ornamentik ergänzt und einem volkstümlichen Bildkreis entspringt. Das Kuckuckstürchen ist in diese leicht kolorierte Dekorationsfläche eingebunden und wird von zwei Säulen mit skizzierten Voluten flankiert.

Das Werk dieser Uhr ist 18 cm hoch, 13 cm breit und 14 cm tief. Geh- und Schlagwerk sind hintereinander angeordnet, die Räder wurden ganz aus Holz gefertigt. Holzgespindelte Laternentriebe mit stabilen Metallstiften bilden die Triebe. Das hölzerne Kronrad befindet sich über der Oberplatine. Das Schlagwerk weist hölzerne Fallenhebel zur Auslösung des Stundenschlages auf die Glocke und zur Betätigung der Blasebälge für die Kuckuckspfeifen auf. Sie liegen oben auf dem Uhrwerk. Zeigerwerk, Zeiger und Schloßscheibe sind ganz aus Holz gemacht.

Der Kuckucksvogel ist schön geschnitzt und wird auf einem Holzhebel hinter der Tür bewegt. Sein Schnabel öffnet sich beim Ruf und der Kuckuck wippt dazu. Über Gewichte an Schnüren erfolgt der Antrieb des Eintagewerks.

Vorderpendel-Holzräderuhr mit papierbeklebtem Schild. Barockdekoration mit Kuckuck im Giebel und Darstellung einer Landschaft. Höhe 37,5 cm. Um 1760/70. Badisches Landesmuseum, Karlsruhe.

Holzwerk einer frühen Kuckucksuhr. Hinter-einanderanordnung von drei Werken. Höl-zernes Steigrad, Langpendel. 2. Hälfte 18. Jhdt., Höhe 26 cm.
Deutsches Uhrenmuseum, Furtwangen.

Das Uhrwerk der ältesten Kuckucks-uhr der Sammlung des Deutschen Uhrenmuseums hat drei hintereinan-der angeordnete Werke mit hölzer-nen Radscheiben und holzgespin-delten Laternentrieben, wie es in der Mitte des 18. Jahrhunderts im Schwarzwald üblich war. Es ist keine typische Ausprägung einer oft zu findenden Werkart. Lediglich die Ausführungsdetails aller Einzelteile sind charakteristisch für Zeit und Herstellungsregion.

Das vordere der drei Werke ist das Gehwerk mit Blechankerhemmung durch ein hölzernes Ankerrad und gebogenen Blechanker, der an einer Holzwelle befestigt ist; die Werk-höhe beträgt 26 cm. Die Ankerwelle ist über der Oberplatine gelagert.

Das Zeigerwerk ist entsprechend der übrigen Werkausführung ganz aus Holz. Hinter dem Gehwerk ist das Stundenschlagwerk mit Rädern entsprechend dem Gehwerk und einem hölzernen Windfang mit höl-zernem Volltrieb angeordnet. Ganz hinten ist ein zweites Schlagwerk zur Betätigung des Kuckucksrufes, mit ebenfalls voll hölzernem Wind-fang. Beide Schlagwerke haben Schloßscheiben aus Holz für den Stundenschlag. Die Schlagwerke werden im halbstündlichen Abstand durch einen Stift am Stundenrad ausgelöst, so daß zur vollen Stunde die Glocke anschlägt und zur näch-sten halben Stunde der Kuckuck die Stundenzahl nachruft. Als Fallenhe-bel dienen Holzwellen mit Metall-Lagerstiften an den Enden.

Das lange Pendel schwingt hinter dem Uhrwerk, die Kuckuckspfeifen mit den Längen 13,5 und 10 cm lie-gen waagerecht auf der Oberplatine. Zur Betätigung dienen Drahthebel mit angebogenen Ösen. Der statt-liche Kuckucksvogel ist 11 cm lang und eindrucksvoll, aber einfach geschnitzt. Er bewegt den Schnabel, wippt beim Rufen und wird auf einem Holzhebel vor die bewegliche Kuckuckstür geschwenkt. Der Stun-denschlag erfolgt auf eine Metall-glocke, die über dem Uhrwerk an einem Holzgalgen hängt.

Das Schild zu dieser Uhr ist in Anlage und Dekoration recht ein-fach, aber kräftig koloriert. Im Motiv der Dekoration – Wald und Kuckuck – zeigt es bereits Elemente, die spä-ter bei den klassischen Kuckucks-uhren als Schnitzerei zu finden sind. Das Rechteck ist, wie bei anderen Beispielen, unterteilt in den unteren Bereich mit großem Ziffernring und wenig Platz für Dekoration – Zwickel und Zifferinnenring – und den obe-ren Teil, der geformt oder, wie hier, rechteckig, der Dekoration und dem Kuckuck vorbehalten ist. Hier ist ein

Baum dargestellt, offenbar ohne Vorlage oder Schablone, den Vögel umfliegen und in dessen Krone sinnigerweise der Kuckuck erscheint. Das Türchen ist nicht gesondert dekoriert oder formal abgesetzt, die Linien von Ästen und Blättern werden dort fortgeführt. Diese Dekoration verwendet Motive des täglichen Umganges, statt abstrakter Architekturformen, und setzt den Kuckuck in seine natürliche Umgebung.

Das Motiv des Baumes wird uns immer wieder begegnen, so auch bei einem frühen Objekt aus Villingen. Hier erscheint der Kuckuck ebenfalls im Baum, der durch die gemalte Szene jedoch aus seiner Beliebigkeit herausgeholt wird. Adam und Eva sind im entscheidenden Moment der Apfelübergabe dargestellt, es handelt sich also um den Baum der Erkenntnis. Ob und inwieweit der Entwerfer diesen Aspekt beachtet hat und eine mögliche Profanisierung wesentlicher Glaubensinhalte in Kauf nahm, oder ob für ihn Baum gleich Baum war, sei dahingestellt. An den unteren Rand des Schildes ist ein Totenschädel gemalt, ein Hinweis auf den Schädel Adams, der in der christlichen Ikonographie bei der Kreuzigung Christi zum festen Bildprogramm gehört. Mit den Zeigern, die als Schlangen ausgebildet sind, – eine Wiederholung des Motivs der verführenden Schlange – weist dieses Schild eine durchgefeilte Dekoration auf, deren Elemente nicht nur vordergründiger Schmuck sind, sondern aufeinander und auf vorhandene, vor allem kirchliche Bildprogramme abgestimmt wurden. Hier ist wieder der klösterliche Einfluß zu vermuten, der für die Vermittlung von technischem Wissen bei den Uhrwerken eine wesentliche Rolle gespielt hat. In dieses ausgefeilte Bildprogramm paßt der Kuckuck nur sehr bedingt und ist Zeichen für die Unbefangen-

Rechteckiges Holzschild zum vorgenannten Werk. Aufgeklebtes Papierblatt mit Darstellung eines Baumes, der von Vögeln umflogen wird. Höhe 40 cm. Deutsches Uhrenmuseum, Furtwangen.

Kuckucksuhr mit barockem, holzbemaltem Formschild und der Darstellung von Adam und Eva im Paradies. Um 1760/80. Höhe 40,5 cm.
Franziskaner-Museum, Villingen.

Holzwerk der vorgenannten Uhr mit hintereinanderliegenden Pfeifen, hölzernem Steigrad und Langpendel.
Franziskaner-Museum, Villingen.

heit, mit der Uhren durch ihn bereichert wurden.

Das ganz hölzerne Stollenwerk zeigt Geh- und Schlagwerk hintereinander angeordnet. Die Räder aus Holz haben Holzwellen mit Laternentrieben und Metallstiften. Auch hier sind der Windfang des Schlagwerkes ebenso wie die Schlagwerkshebel aus Holz hergestellt. Die Kuckuckspfeifen liegen auf der Oberplatine, der Antrieb des Eintagewerkes erfolgt mit Gewichten über Ketten. Zeigerwerk und Schloßscheibe sind ebenfalls aus Holz, der gut geschnitzte Kuckuck wird auf einem Holzhebel zur Kuckuckstür geschwenkt. Er bewegt den Schnabel und wippt beim Rufen. Die Stunde wird auf eine Metallglocke geschlagen und gleichzeitig ruft der Kuckuck.

Als Hemmung fungieren ein Blechanker, der über der oberen Platine gelagert ist, und ein hölzernes Ankerrad. Das Langpendel schwingt hinter dem Stollenwerk.

Die Ähnlichkeit zu einem später aufgeführten Holzwerk mit Lackschild ist sehr deutlich, hier ist jedoch noch etwas mehr Holz verwendet – etwa beim Ankerrad und dem Windfang – als bei der später genannten Uhr. (Bild S. 34)

Eine plastische Gestaltung des Schildes liegt bei dem Exemplar eines „Barockkuckucks" vor. Form und Dekorationsart dieses Schildes orientieren sich an den als „Fallerschildern" bezeichneten Objekten. Die sehr detaillierte und sorgfältige Schnitzarbeit ist mattvergoldet, das Schild ansonsten nicht gefaßt. Die Dekorationselemente weisen Schmuckformen aus dem Barock auf: eine architektonische Gliederung mit Voluten und einer Giebelbekrönung. Die Gliederung wird von einigen Blumen- und Früchteranken ergänzt. Sie umgeben die Architektur und weisen auch schon auf Dekorationsprinzipien des Rokoko hin, das architektonische Formen oft ausschmückte.

Die formale Einordnung dieser Uhr muß nicht ihrer zeitlichen Entstehung entsprechen, da das Werk relativ modern im Vergleich zu den bisher behandelten ist. Es ist durchaus denkbar, daß das Schild nach 1780, der Einführung der Lackschilduhr, gefertigt wurde, beispielsweise als besonderes Objekt. Doch von den formalen Kriterien gehört es in den Bereich der Uhren, die vor dem Lackschildtypus bei Kuckucksuhren liegen.

Das Werk dieser Uhr ist 17 cm hoch und besteht aus einem Holzgestell mit Stabplatinen und holzgespindelten Messingrädern in recht massiver und fast modern anmutender Ausführung, wenn man das Schild vergleicht. Vorn befindet sich das Eintagewerk mit Messingankerrad und gebogenem Blechanker, der an einer Holzwelle unter der oberen Werkplatte schwingt. Das Schlagwerk zeigt stabile Messingräder mit Holzwellen und Stahlstiften, auch der hölzerne Windfang ist holzgespindelt. Die Schlagwerkshebel sind aus Holz gedrechselt und werden durch Stahlstifte abgefedert. Das Zeigerwerk ist aus Messing mit hölzernem Stundenrohr. Dieses Werk ist als Stollenwerk ausgeführt, die Rückwand könnte erneuert worden sein und hat einen möglicherweise ebenfalls erneuerten Träger für die Glasglocke. Der Halbstundenschlag erfolgt auf die Glasglocke und als Kuckucksruf über zwei obenliegende Blasebälge mit Kuckuckspfeifen von 13,5 und 10 cm Länge. Sie sind hinter dem Werk senkrecht angeordnet. Auffällig ist die abnehmbare Tür in der Gehäuserückwand hinter der Schloßscheibe, die Justierungen an der Schloßscheibe bequem ermöglicht. Der reich gestaltete Kuckuck ist 14,5 cm lang, hat bewegliche Flügel und bewegt den Schnabel. Beim Kuckucksruf wippt er in seiner festen Position und steht in einer Öffnung ohne Kuckuckstür.

Das Werk erweckt den Eindruck, als sei es nach der Barockperiode entstanden, oder es müßte in dieser Zeit als sehr fortschrittliches, recht solides Werk sehr früh gegenüber anderen Werken ähnlicher Bauart hergestellt worden sein. Bemerkenswert ist bei diesen frühen, sehr individuell gefertigten Kuckucksuhren die oft fehlende Kuckuckstür und die Größe des Vogels. Meist ist er unbeweglich, mitunter bewegt er nur den Schnabel. Die bekannte Ausführung mit Türchen, beweglichen Flügeln und Schnabelöffnung tritt dann bei den Lackschilduhren auf.

Miniatur-Schmuckuhr in Form einer Schwarzwälder Kuckucksuhr mit Damenarmbanduhrwerk. Schweiz, 1986. Höhe 6,2 cm. Deutsches Uhrenmuseum, Furtwangen.

Kuckucksuhr mit vor-
genanntem Werk und
barockem Formschild.
Zur Dekoration wurden
geschnitzte Früchte- und
Blumenranken neben
architektonischen
Elementen verwendet.
Um 1785. Höhe 35 cm.
Deutsches Uhren-
museum, Furtwangen.

Holzgespindeltes Schwarzwälder Stollenwerk
mit Kuckuck. Geh- und Schlagwerk liegen
hintereinander, die Pfeifen stehen senkrecht.
Um 1800, Schild früher. Höhe 17 cm.
Deutsches Uhrenmuseum, Furtwangen.

Der Lackschildkuckuck – das erste verbindliche Design

Lackschilduhren galten lange als Inbegriff der Schwarzwälder Uhren. Seit etwa 1780/90 wurden sie hergestellt und waren bis zur Mitte des 19. Jahrhunderts der dominierende Uhrentyp im Schwarzwald. Dieser Typ ist gekennzeichnet durch seine Gehäuseform: ein nahezu quadratisches Brett für das Zifferblatt und ein aufgesetzter Halbbogen bestimmen das Bild. Dabei sind die Zwickel und der Halbbogen die Träger der Dekoration. Diese Schildform ist englischen Vorbildern verwandt, die schon vor der Mitte des 18. Jahrhunderts Metallzifferblätter mit dieser Aufteilung aufweisen. Der Halbbogen diente dort oft der Unterbringung zusätzlicher Indikationen oder verschiedener Automaten. Bei den Schwarzwälder Lackschildkuckucksuhren befindet sich im Bogen der Kuckuck.

Der Erfolg der Lackschilduhr beruhte jedoch nicht auf der Form ihres Schildes, sondern auf der Art ihrer Dekoration. Dabei wurde das Holzbrett mit einer Bleiweiß-, seltener farbigen, Grundierung versehen, auf die dann mit kräftigen Farben gemalt wurde. Anschließend lackierten die Schildmaler die Schilder und konnten so Objekte anbieten, die in Bezug auf Haltbarkeit und Leuchtkraft der Farben alles bis dato Verwendete übertrafen. Der Kuckuck befindet sich meist mitten in der Dekoration und das Türchen ist oft Teil des Bildes. Uhren mit Lackschildern sind sehr zahlreich überliefert, und oft wurde einem älteren Werk ein neues Schild vorgeblendet.

Schwarzwälder Lackschilduhr mit gemalten Blumenornamenten in den Zwickeln und einem Blumenbukett als Abziehbild im Schildbogen. 1860. Höhe 29 cm.
Deutsches Uhrenmuseum, Furtwangen.

Die Palette der Kuckucksuhrwerke dieser Lackschilduhren erstreckt sich von etwa 1780 bis ca. 1900 oder sogar noch etwas später. Sie weist dementsprechend alle Formen von Schwarzwälder Uhrwerken auf, die in diesem Zeitraum gebaut wurden.

Es handelt sich dabei zuerst um Werke, die ganz aus Holz sind. Die Laternentriebe sind holzgespindelt, und auch die Ankerräder bestehen zunächst aus Holz, werden dann jedoch aus Messing gefertigt. Bei diesen Uhren liegen die Pfeifen oben auf der Platine. Die Höhe der Werke beträgt ca. 16 bis 17 cm. In der nächsten Generation sind die Räder aus Messing gefertigt, aber immer noch mit holzgespindelten Laternentrieben versehen. Zeigerwerke und Schloßscheiben sind vielfach noch aus Holz, auch die Pfeifen liegen noch auf der Oberplatine. Bis hierher werden durchweg Glocken neben dem Kuckucksruf für die Stundenanzeige verwendet, in seltenen Fällen kommen auch Glasglocken vor. Stollenwerke sind in dieser Periode sehr häufig oder fast die Regel.

In der ersten Hälfte des 19. Jahrhunderts wird die Fertigung weiter modernisiert: Zeigerwerke und Schloßscheiben werden aus Messing gefertigt, doch daneben gibt es auch noch Räderwerke aus Messing mit Holzwellen. Die Schlagwerkshebel bestehen nun durchweg aus Metall. Auch die Ankerwelle ist aus Metall und befindet sich im Gegensatz zu früher unterhalb der oberen Werkplatte. Der Antrieb durch Ketten ist jetzt üblich, er erfolgte nur in der Zeit bis etwa 1820 eher mit Seilzügen. Beide Antriebsarten waren längere Zeit nebeneinander in Gebrauch. Die Hintereinanderanordnung von Geh- und Schlagwerk

bleibt, als Besonderheit treten vielfach metallisierte Holzwellen für die Räder auf, die Metallwellen vortäuschen oder imitieren sollten. Die Kuckuckspfeifen stehen jetzt meist senkrecht.

Eine typische Kuckucksuhr dieser Bauart aus der zweiten Hälfte des 19. Jahrhunderts mit Lackschild hat ein 16 cm hohes und 17 cm tiefes Holzplatinenwerk mit Messingrädern und Holzwellen. Geh- und Schlagwerk sind hintereinander angeordnet. Das Eintagewerk mit Blechankerhemmung hat eine Metallankerwelle, die unterhalb der oberen Platine gelagert ist. Das Stundenschlagwerk zeigt metallene Fallen- und Auslösehebel, das Zeigerwerk ist ganz aus Messing. Die senkrecht hinter dem Werk stehenden Kuckuckspfeifen sind etwa 13 und 10 cm lang, ihre Blasebälge liegen über der oberen Platine. Der 8,5 cm lange Kuckuck bewegt den Schnabel und wippt, die Flügel sind aufgemalt.

Holzgespindeltes Werk der vorgenannten Uhr. Pendelaufhängung zwischen Rückplatine und Wandbrett, Schlagwerkshebel aus Metall. Höhe 16 cm. Deutsches Uhrenmuseum, Furtwangen.

Ein Wandel in der Ausführung tritt ab Mitte des 19. Jahrhunderts auf. Er wird jedoch, da bei Schwarzwälder Uhren die Überschneidungen der verschiedenen Ausführungen meist mehrere Jahrzehnte betragen, nur langsam vollzogen. Die Werke werden jetzt in wesentlich kleinerer Ausführung in einer Höhe von nach wie vor etwa 16 cm bei nebeneinanderliegenden Geh-und Schlagwerken hergestellt. Dabei sind die Räderwerke nun ganz aus Metall, ebenso sind stählerne Schlagwerkshebel üblich. Hinter dem Räderwerk stehen die Kuckuckspfeifen. Die Gesamttiefe beträgt jetzt nur etwa 11 cm gegenüber bis dato 14 - 17 cm, von der Vorderplatine bis zur Rückwand gemessen. Das eigentliche Uhrwerk ist nur 5 – 6 cm tief, während es vorher bei der Hintereinanderanordnung von Geh- und Schlagwerk etwa 10 cm tief war. Die Tiefe der einzelnen Werke – Gehwerk und Schlagwerk – liegt unverändert bei je 5 cm. Das Pendel schwingt zwischen der hinteren Werkplatine und dem Wandbrett, an dem die Uhr aufgehängt wird.

Diese Bauform wurde über viele Jahrzehnte beibehalten, sie war zum Teil bis 1920 in Gebrauch. Die Stabilität der gesamten Uhr wurde so beträchtlich erhöht, denn die Antriebsgewichte und das Schild liegen viel näher an der Wand als bei den hintereinanderangeordneten Uhrwerken.

Hier ist wieder, wie bei den frühen Exemplaren, festzustellen, daß Gehäuse und Werke nicht speziell für den Kuckuck entwickelt wurden, sondern daß der Kuckucksmechanismus ein zusätzliches Merkmal ist, ähnlich einem Schlagwerk oder einem anderen Automaten. Unterstrichen wird diese Ansicht durch die relativ selten zu findenden Lackschildkuckucksuhren angesichts der überlieferten Mengen an Lackschild-

uhren. Bei den erhaltenen Kukkucksuhren dieser Art ist das Dekorationsfeld auf der Kuckuckstür Teil des Gesamtbildes, zeigt aber auch eine unabhängige Dekoration. Die Türen sind aus Holz oder Metall, Holztüren sind entweder in die Öffnung eingepaßt oder decken sie ab. Die hier gezeigten Kuckucksuhren sind einmal repräsentativ für die Entwicklung der Dekorationsformen auf Lackschildern, aber genauso zeigen sie die Entwicklung Schwarzwälder Werkformen von ganz hölzernen über holzgespindelte Werke bis zu Metallwerken zwischen Holzplatinen auf.

Die Dekoration und ihre Vorbilder

Alle Dekoration auf Lackschildern beginnt mit Blumen einer ganz bestimmten Malweise. Heute werden sie regelmäßig „Bauernblumen" genannt, wahrscheinlich geprägt durch die Art der Bemalung alten bäuerlichen Hausrates wie Schränke, Truhen oder Spanschachteln und auch Votivbilder. Es ist durchaus möglich, daß diese Art der Malerei die Schildmaler beeinflußt hat, denn obwohl die Schildmaler des Schwarzwaldes eine eigene Handwerkergruppe darstellten, gab es im ländlichen Raum schon im 18. Jahrhundert bestimmte Personen, die Totentafeln und Hausrat auftragsweise bemalten. Dadurch lebte man in einer entsprechenden Bilder- und Formenwelt, und so liegt es nahe, daß sich die Schildmaler an diesen Vorbildern orientierten.

Andere Vorbilder oder Einflüsse wurden aus dem Bereich „Uhren" selbst angenommen. So werden die Säulen, die seit etwa 1820 auf vielen Lackschildern zu finden sind und die den Ziffernring flankieren, damit auch als Stütze für den Halbbogen angesehen werden können, als ver-

einfachte Übernahme einer Form angesehen, die bei Wiener und französischen Portaluhren des Empire um 1810/15 auftrat. Bei diesen Vorbildern handelt es sich jedoch um vollplastische Gehäuse, die von den Schwarzwälder Schildmalern ins zweidimensionale Medium übertragen wurden. Auch die Verwendung von gemalten Kartuschen, in denen sich die Ziffern befinden, wird französischen Vorbildern zugeordnet. In Frankreich bei Pendulen, aber auch bei Comtoiser Uhren, war die Verwendung von Porzellankartuschen üblich. Die Übernahme dieser Dekorationsform und ihre Übertragung in die Malerei bei den billigen Schwarzwälder Lackschilduhren zeigen deren Anpassung an bestimmte Moden oder länderspezifische Vorlieben, die auch bei den Kuckucksuhren deutlich werden.

Die Qualität der Lackschildmalerei war natürlich von der Begabung des Malers abhängig und ist im Schwarzwald auch sehr eng an die Bedingungen einer Massenproduktion gebunden, die keine aufwendigen und zeitraubenden künstlerischen Ambitionen duldete. Aus diesem Grund wurden viele Dekorationen mit Schablonen aufgetragen. Später ging man dann zu den Druckvorlagen über, die ausgemalt wurden und fand schließlich im Abziehbild um 1860 das geeignete Mittel, schnell die gewünschten Bilder auf die Lackschilder zu bringen. Inzwischen hatte sich auch der Anspruch des Publikums, der Käufer gewandelt; mit der zunehmenden gesellschaftlichen Differenzierung und der intensivierten Kommunikation wurden die Käufer anspruchsvoller, orientierten sich stärker an den gesellschaftlich höherstehenden Gruppen und deren Geschmack. So stellten sie die Schwarzwälder Schildmaler vor kaum zu lösende Probleme.

Massenproduktion und künstlerischer Anspruch ließen sich nicht vereinen, und so wurde mit den Abziehbildern eine geeignete Dekorationsform gefunden.

Eine Lackschilduhr, die vom Werk her eine der frühesten ist, vom Schild her jedoch zu den späteren Lackschildkuckucksuhren gehört, zeigt eine eher sparsame Dekoration: ein kleines, sich wiederholendes Blumenarrangement in den Zwickeln und eine Landschaftsdarstellung im Bogen sind zu sehen. Hier hat der Maler das Feld der floralen Dekoration verlassen und den Kuckuck in eine Landschaft gesetzt. Vom Bild her ist das durchaus passend, aber ob und inwieweit solche Aspekte bei der Bemalung beachtet wurden, ist ungeklärt, oft genug wurde ein Schild nachträglich ein Kuckucksuhrenschild.

Das Werk dieser Uhr ist 17,2 cm hoch. Ihr Gehwerk hat Holzräder, holzgespindelte Laternentriebe und ein Messingankerrad mit gebogenem Blechanker, der auf einer Holzwelle befestigt ist. Die Ankerwelle ist über der Oberplatine gelagert, das Werk mit Langpendel ist als Stollenwerk ausgeführt. Hier ist das Zeigerwerk aus Holz, drei freie Drahtstifte auf dem Wechselrad ersetzen das Trieb. Die Baugröße entspricht insgesamt den derzeit üblichen Abmessungen. Hinter dem Gehwerk

Schwarzwälder Kuckucksuhr. Bemaltes Lackschild mit Landschaftsdarstellung und Ruine im Schildbogen. Schild um 1820, Werk wesentlich früher. Höhe 32 cm. Deutsches Uhrenmuseum, Furtwangen.

liegt das hölzerne Stundenschlagwerk mit einer Schloßscheibe aus
Holz. Die hölzernen Fallenhebel sind
mit Drahtstiften in den Platinen gelagert. Die Bewegung der Blasebälge
für die waagerecht auf dem Uhrwerk
liegenden Kuckuckspfeifen von 13
und 9 cm Länge erfolgt über Drähte
mit angebogenen Ösen. Der hölzerne Windfang hat ein Laternen-
trieb aus Holz und Metall.
Der ziemlich große Kuckuck mit
ausgeschnitzten Flügeln und
beweglichem Schnabel wird auf
einer Holzwelle zur Kuckuckstür
bewegt. Er wippt mit der Pfeifen-
bewegung. Das Werk dürfte in gleicher
Bauart auch als normales Schwarzwälder Uhrwerk der Zeit um 1780
verwendbar gewesen sein und weist
außer dem Kuckucksmechanismus
und den Pfeifen keine Besonderheiten gegenüber anderen Werken dieser Zeit auf.

Eine Uhr für den französischen
Markt trägt den Namen des Händ-
lers in Mirebeau und hat die für französische Uhren der Zeit typischen
Kartuschen zur Umrahmung der Ziffern. Die Zwickel sind voll ausgemalt
und mit einer schon leicht abstrahie-
renden Ornamentik auf farbigem
Grund versehen. Im Bogen befinden
sich zwei große Blumen mit Blättern.
In dieses Bild ist die hölzerne Kukkucksuhr eingebunden. Die obenlie-
genden Kuckuckspfeifen nehmen
so reichlich Platz weg, daß die Form
des Lackschildes als Sichtschutz für
die Glocke hier nicht ausreichte.

*Hölzernes Stollenwerk der vorgenannten Uhr
mit metallenem Steigrad und hölzernen
Schlagwerkswellen. Obenliegende Pfeifen.
1775. Höhe 34 cm.
Deutsches Uhrenmuseum, Furtwangen.*

*Mit Blumen auf farbigem Grund bemalte
Schwarzwälder Lackschilduhr für den franzö-
sischen Markt. Gemalte Kartuschen. Um 1830.
Höhe 34 cm.
Deutsches Uhrenmuseum, Furtwangen.*

Das 19,3 cm hohe Uhrwerk mit hölzernen Stabplatinen und hintereinander angeordnetem Geh- und Schlagwerk ist mit holzgespindelten Messingrädern und Stahlstiften für die Lagerung versehen. Vorn liegt das Gehwerk mit Messingankerrad und gebogenem Blechanker auf einer Holzankerwelle, die unterhalb der oberen Platine angeordnet ist. Das Eintagewerk mit hölzernem Zeigerwerk und hinten liegendem Schlagwerk hat einen Messingwindfang auf einer Holzwelle. Auch die Schloßscheibe ist aus Holz gefertigt und steuert den Stundenschlag. Alle Wellen der Schlagwerkshebel sind

aus Holz gedrechselt und mit Metallstiften gelagert. Die Kuckuckspfeifen mit darüberliegenden Windfängen sind 13,5 und 9,5 cm lang und liegen oben auf der Platine. Für den Stundenschlag auf die Metallglocke und den Kuckucksruf dienen Metallhebel, die mit den hölzernen Schlagwerkswellen verbunden sind. Der Kuckuck mit beweglichem Schnabel und aufgemalten Flügeln wippt beim Rufen und wird mit einem Metallhebel zur Kuckuckstür bewegt. Stollenwerke dieser Ausführung sind typisch für die Zeit nach 1800.

Eine ziemlich späte Lackschilduhr hat ein Holzplatinenwerk mit den Abmessungen Höhe 16,5 cm, Breite 15,8 cm, Gesamttiefe 11 cm. Das Pendel schwingt zwischen der hinteren Platine und dem Wandaufhängebrett. Hier sind erstmals Geh- und Schlagwerk nebeneinander angeordnet, die Räder sind aus Messing und die Laternentriebe bestehen aus Messingbuchsen mit Stahlstiften. Das Eintagewerk hat eine Blechankerhemmung, das Halbstundenschlagwerk wird von einer Messingschloßscheibe gesteuert. Alle Steuerhebel für das Schlagwerk sind aus Metall.

Der Kuckuck ist auf einem Metallhebel über dem Uhrwerk angeordnet. Er ist 8 cm lang und bewegt Flügel wie Schnabel. Außerdem wippt er beim Kuckucksruf. Die Kuckuckspfeifen stehen zwischen hinterer Werksplatine und Wandbrett, sie haben die wirksamen Längen 13,5 und 9,5 cm, während sie nach außen hin gleich lang sind.

Das Schild dieser Uhr ist von Säulen flankiert. Im Bogen befindet sich ein Blumenarrangement, das den ganzen Bogen ausfüllt und nicht sehr räumlich wirkt. Die metallene Kuckuckstür ist nicht Ausschnitt aus dem gemalten Bild, sondern mit einem Kuckuck im Geäst selbständig bemalt. Säulen dieser Art wurden, wie auch Blumen, teilweise mit Schablonen aufgetragen.

Von sehr detaillierter und sorgfältiger Ausführung ist die Hochzeitsuhr mit den Namen der Brautleute im Ziffernring. Hochzeitsuhren wurden dem Anlaß entsprechend in der Regel besonders sorgfältig angefertigt, aber auch ein Abziehbild wurde zu der Zeit nicht unbedingt so „verurteilt", wie dies heute oft der Fall ist. Die immer gleichen Blumenarrangements sind sorgfältig in die Mitte der Zwickel placiert und der Blumenkranz im Bogen, ein Motiv

Schwarzwälder Lackschilduhr mit vorgenanntem Werk. Bemaltes Schild mit Kuckuckstür aus Metall und Kuckuck im Geäst. Nach 1850, Zeiger später. Höhe 34 cm.
Deutsches Uhrenmuseum, Furtwangen.

aus der Festdekoration seit der Renaissance, ist sehr detailliert dargestellt. Eingeschnitten ist das hölzerne Kuckuckstürchen, das ein Abziehbild mit einem Schäfer und seiner Herde zeigt. Dieser Teil der Dekoration ist relativ beliebig, auf den Anlaß wird nicht explicit eingegangen und auch die Verwendung von Blumenkränzen ist ein generell beliebtes Motiv gewesen. Der Anlaß der Hochzeit könnte jedoch bei der Ausführung des Schildes eine Rolle gespielt haben.

Der seltenere Fall einer Kombination von Kuckuck und Wachtel liegt bei einer anderen Lackschilduhr vor. Das Schild ist mit Abziehbildern dekoriert, die im Bogen eine komplizierte Berglandschaft mit Haus und in den oberen Zwickeln zwei figurale Szenen zeigen. Relativ selten ist die ausführliche Schilderung in den unteren Bildbereichen. Solche dekorativen Bildstreifen sind als Umdruckvorlagen bekannt, doch hier handelt es sich nicht um eine durchgehende, sondern um zwei Szenen, die vom Ziffernring überschnitten werden.

Abziehbilder gab es in verschiedenen Grundformen und großer Motivbreite. Von idyllischen Landschaftsdarstellungen über Trachtenbilder zu Landschaftsszenen mit Tieren bis zu Genredarstellungen reichte die angebotene Palette, aus der der Schildmaler nur etwas Passendes auszusuchen brauchte.

So konnte er auch Ansichten ferner Städte auswählen, wie es bei einem Schild mit der Darstellung Roms geschah. Kolosseum, Engelsburg und Petersdom sind friedlich auf einem Bild vereint, das nicht den ganzen Bogen ausfüllt, ein typisches Phänomen für weniger sorgfältig gearbeitete Schilder. Der Kukkuck ist mittendrin und belebt die Szenerie zur vollen Stunde. Sein Türchen zeigt einen Geistlichen im

Gebet, ein Bild, das zu Rom paßt, nicht jedoch in diese spezielle Ansicht, da ein Innenraum dargestellt ist. Diese Szene scheint gemalt worden zu sein, so daß eine nachträgliche Bearbeitung naheliegt. Auch bei den Abziehbildern paßt der Kuckuck thematisch selten in die Bogendekoration. Bei anderen Exemplaren sind die Abziehbilder häufiger über die Kuckuckstür hinweggeführt, so daß verschiedene Bilder bei Türchen und Bogenbild seltener auftreten. Die Zwickeldekoration besteht wieder aus kleinteiligen Blumen, auch hier liegt die Verwendung einer Schablone nahe. Neben Stadtansichten, Genreszenen, Landschaften ist auch das religiöse Bilderfeld vertreten.

In drei Medaillons werden Teile der Christusgeschichte gezeigt. Maria mit dem Kind, der Brot und Wein spendende Christus und die heilige Dreifaltigkeit sind mit schablonierten Ornamenten, wie sie auch die Zwickel zieren, im Bogenfeld dargestellt. Die Tür, in diesem Fall mit zwei Flügeln ausgestattet, ist dagegen mit einem Blumenmuster verziert. Das religiöse Bilderfeld war durch Darstellungen auf Votivtafeln, Danksagungen und Fürbitten, gerade bei Wallfahrtsorten, in der ländlichen Bevölkerung weit verbreitet, und so ist eine gewisse Volkstümlichkeit dieser Bilder auch bei Kuckucksuhren zu erklären.

Schwarzwälder Hochzeitsuhr mit Kuckuck. Bemaltes Lackschild mit Blumenkranz um die hölzerne Kuckuckstür, die ein Abziehbild mit Schäfer zeigt. Höhe 37 cm. Badisches Landesmuseum, Bruchsal, Schloß.

Schwarzwälder Lackschilduhr mit Kuckuck und Wachtel. Die Dekoration aus Abziehbildern zeigt eine idyllische Landschaft und Szenen des täglichen Lebens. 1880. Höhe 38 cm.
Privatsammlung.

Schwarzwälder Uhrenschild mit Blumen in den Zwickeln. Im Bogen Abziehbild einer Ansicht von Rom mit Darstellung eines betenden Klerikers. 1870. Höhe 35 cm.
Deutsches Uhrenmuseum, Furtwangen.

Von der Rahmenuhr zum Bahnhäusle

Seit den vierziger Jahren des 19. Jahrhunderts wurde die Schwarzwälder Uhrmacherei von Absatzschwierigkeiten heimgesucht. Es war die Zeit, in der die ersten Uhrenfabriken wie Lenzkirch oder Fürderer, Jägler & Cie. entstanden. Damals wurde auch die Uhrmacherschule in Furtwangen gegründet, und man bemühte sich allgemein um neue Formen für Uhrgehäuse. Verschiedene Gehäusetypen entwickelten sich nebeneinander, verdrängten die Lackschilduhr jedoch nicht vom Markt. Die Lackschilduhr war aber nun nicht mehr die Uhr, die die Schwarzwälder Produktion bestimmte. Der entstehende „Stilpluralismus" – viele Spielarten nebeneinander – ist geprägt von Rahmenuhren in verschiedener Ausführung, den Biedermeieruhren und den ersten Bahnhäusletypen. Sie alle haben das traditionelle Holzplatinenwerk mit Metallrädern und -achsen und unterschiedlichen Zusatzfunktionen; in unserem Fall ist wieder nur der Kuckuck wichtig. Das eine oder andere Werk war moderner, aber die Veränderung liegt nicht auf dem Gebiet der Werke, sondern im Gehäusedesign.

Mit dem Übergang auf stärker arbeitsteilige und teilweise industrielle Fertigung gegen Mitte des 19. Jahrhunderts wurden gegenüber den vorher gebauten Holzplatinenwerken mit hintereinander angeordneten Geh- und Schlagwerken jetzt in der Regel Stabplatinenwerke einer moderneren Bauart gefertigt, in der die Werke nebeneinander stehen. Bei Breiten des Gesamtwerkes von 12 bis 15 cm, Höhen von etwa 14 cm und Tiefen von 5 – 6 cm bestehen sie meist aus vier nebeneinander im Gestell befestigten, etwa 3 cm breiten Holzstäben. Zwischen ihnen sind in Messingfuttern gelagert Geh- und Schlagwerk nebeneinander angeordnet. Der Antrieb erfolgt durch Ketten, die Gehwerke sind meist Eintagewerke mit Blechankerhemmung, die Schlagwerke mit Schloßscheibensteuerung haben Hebel aus Metall und Metalldrähte zur Steuerung weiterer Funktionen. Vielfach sind Metallstreifen, gelegentlich mit floralen Motiven verziert, genutzt, um Wellen oder Schlagwerkshebel zu haltern. Die maschinell gearbeiteten Räder aus Messing haben Hohltriebe. Es handelt sich durchweg um Halbstundenschlagwerke mit Schlag auf Tonfedern neben dem Kuckucksruf. Für die Platinenanordnung hat es offenbar keine Norm gegeben, wenngleich die Detailabweichungen der verschiedenen Ausführungen nicht allzu groß sind. Die Räder wur-

Seltene Schwarzwälder Rahmenuhr mit geprägtem Messingblatt und Emailzifferblatt. Die hölzerne Kuckuckstür ist mit Blech überzogen. 1880. Höhe 33 cm.
Deutsches Uhrenmuseum, Furtwangen.

den zu dieser Zeit maschinell in speziellen Werkstätten hergestellt. Eine gewisse Normung wird daran sichtbar, daß die Kuckuckspfeifen häufig gleiche Längen in der äußeren Ausführung haben, während die kürzere Wirklänge der einen Pfeife durch eine Innenabteilung erreicht wird. Diese Uhrwerke waren viele Jahrzehnte im Schwarzwald üblich, sie wurden gelegentlich auch noch in der Fabrikperiode des 20. Jahrhunderts produziert. Dementsprechend läßt sich aus der Bauart eines Werkes nicht unbedingt auf das Herstellungsjahr der Uhr schließen. Wir sehen die verschiedensten Uhrgehäuse mit diesem Uhrwerk: Lackschilduhren, Rahmenuhren, Biedermeieruhren, Bahnhäusleruhren verschiedener Perioden, Augenwender sowie alle möglichen Sonderausführungen. Dementsprechend finden wir diese Art von Werken mit einer angebauten Rückwand und Schautürchen in größerer Bautiefe bei späten Lackschilduhren, während bei den Biedermeieruhren und auch schon bei einigen Rahmenuhren ein Gehäusekasten an die Stelle der angebauten Rückwand tritt.

Die Rahmenuhr mit Kuckuck

Rahmenuhren bestehen aus einem schwarzen Holzrahmen und einem großflächigen Innenteil, das der Dekoration dient und das Zifferblatt trägt. Dieses Innenteil ist meist von einem vergoldeten Wellenstabmuster eingefaßt und wird mit einer Glasscheibe geschützt. Die Innenteile der Rahmenuhren tragen sehr unterschiedliche Dekorationen, und bei den Exemplaren mit Kuckuck befindet sich der Vogel mit Tür im oberen Teil der Dekorationsfläche.

Werk der vorgenannten Uhr in Stabplatinenbauweise. Die gleichlangen Kuckuckspfeifen haben unterschiedliche Wirklängen. Höhe 13,5 cm.
Deutsches Uhrenmuseum, Furtwangen.

Bei dieser Rahmenuhr liegt der relativ seltene Fall eines Blechprägeschildes mit Kuckuck vor. Blechprägeschilder wurden den „Schwarzwäldern von französischen Gehäuseschneidern" in der Franche-Comté bei den Comtoiser Uhren vor-

gemacht. Die Dekorationen weisen neben ländlichen Genreszenen oft Fabeltiere oder allegorische Motive auf, die mit Rankenornamentik und Architekturmotiven kombiniert sind. In unserem Fall befindet sich unterhalb des Zifferblattes eine große

*Schwarzwälder Rahmenuhr
mit ölbemaltem Blechschild.
Jagdliche Darstellung nach
einem Entwurf Lucian Reichs
von 1850/51. Um 1870. Höhe
54 cm.
Deutsches Uhrenmuseum,
Furtwangen.*

Akanthusranke. Oben sind ein Löwe und ein Geier zu sehen. Sie bilden zusammen mit der Akanthusranke ein Motivfeld, das dem der Schwarzwälder entgegensteht. Dort herrschen die volkstümlichen Bildelemente vor, so daß bei dieser Uhr auch in der Auswahl der Bildthemen ein fremder Einfluß zu registrieren ist. Das gesamte Bild ist im übrigen wie eine Figurenpendule aufgebaut und in die rechteckige Rahmenform getrimmt. Die Uhr hat ein Holzplatinenwerk mit Messingrädern und Metalltrieben. Die Abmessungen der Platinen betragen in der Höhe 13,5 cm, in der Breite 12,8 cm, in der Werktiefe 4,2 cm bei einer Gesamttiefe der Platinenanordnung von 9,5 cm. Geh- und Schlagwerk werden über Ketten angetrieben, als Lager dienen Messingbuchsen in den Holzplatinen. Für die Ankerwelle ist eine Metallhalterung aufgeschraubt. Das Gehwerk läuft einen Tag und hat dafür nach dem Ankerrad zwei Zahnräder. Ein Halbstundenschlagwerk mit Messingschloßscheibe zeigt metallene Hebel und angebogene Ösen für Schlagwerk und Kukkucksruf.

Bei dieser speziellen Uhr fallen massive Triebwellen aus Metall auf, in die direkt die Bohrungen für die Laternentriebstifte eingebracht wurden. Der Kuckuck ist in üblicher Weise auf einem Metallhebel befestigt, er wird zur Kuckuckstür bewegt und wippt beim Rufen. Auch die Flügel sind beweglich, ebenso wie der (fehlende) Schnabel. Die Kuckuckspfeifen sind äußerlich gleich lang, die linke hat eine wirksame Länge von 13,5 cm, die rechte von ca. 9,5 cm. Mit dem Kukkucksruf zusammen erfolgt der Halbstundenschlag auf eine Tonfeder. Es ist nicht auszuschließen, daß im Lauf der Zeit der Zusammenbau dieses Uhrwerkes mit dem Gehäuse Veränderungen erfahren hat.

Als Beispiel für die eher volkstümliche Motivik können die zahlreichen Bilderuhren mit Jagdszenen gelten. Bei ihnen kann der Kuckuck allein aufgrund des Bildthemas in die Uhr integriert werden und wirkt so weniger hinzugesetzt. Die Darstellungen wurden oft von ausgebildeten heimatverbundenen Künstlern gefertigt. Meist befindet sich in der Mitte des Bildes ein Baum, an den sich ein Jäger anpirscht, der hier von zwei Jungen unterstützt wird. Der Baum ist relativ hoch und hat Platz für das Zifferblatt, das den Stamm über-

Rahmenuhr mit Jagdszene und Kuckuck, Öl auf Blech, vergoldeter Wellenstabrahmen. Um 1870. Höhe 46 cm. Privatsammlung.

schneidet. Der Kuckuck sitzt im oberen Teil des abgestorbenen Stammes, oberhalb einiger Zweige, die von anderen Vögeln umflogen werden. Die Darstellung ist relativ differenziert ausgearbeitet und keinesfalls für ein Massenprodukt geeignet. Schilder dieser Art wurden von besonders befähigten Malern ausgeführt, die sich entweder an einer Vorlage orientierten oder ihre eigenen Vorlagen und Skizzen bemühten. Der Entwurf zu diesem Bild stammt von Lucian Reich, der ihn in einem Musterbuch für Uhren-

schildmaler veröffentlichte. Es erschien 1850/51 in Hüfingen und wurde über die Uhrmacherschule in Furtwangen im Rahmen der Gewerbeförderung vertrieben. Im Entwurf war keine Kuckucksuhr vorgesehen, dieser Zusatz wurde vom ausführenden Maler beigebracht.

Eine Variante der Bildgestaltung ist an einer Rahmenuhr zu finden, bei der sich der Jäger wieder von links anpirscht, diesmal mit zwei Hunden, die den Kuckuck verbellen. Das Türchen befindet sich im Baumstamm und das Zifferblatt ist im unteren Bereich angesiedelt, dort, wo kein Geschehen stattfindet.

Eine andere Kombination zeigt wieder den Jäger, der diesmal mit seinem Hund durch den Wald streicht und dabei Pfeife raucht. Der Kuckuck ist nicht Zentrum und Ziel der Handlung, er tritt im Hintergrund aus dem Geäst eines Baumes in Erscheinung. Der Hund ist als Augenwender ausgeführt, so daß das Bild eine gewisse Dramatik durch den spähenden Hund erhält, der im Gegensatz zu seinem pfeiferauchenden Herrn steht. Die Vorliebe für das Motiv des Jägers könnte mit Erinnerungen an die Bürgerbewaffnung der 1848er Revolution zusammenhängen.

Gerade in Baden war diese Erinnerung wahrscheinlich besonders stark, da hier radikale Kräfte die Revolution bestimmten und von außerhalb niedergedrückt wurden. Zu diesem Umfeld können auch die Hecker-Uhren gezählt werden. Aber nicht zu unterschätzen ist der große Bereich des Genrebildes, der in den meisten bildlichen Darstellungen angesprochen ist und in der unverbindlichen idyllischen Schilderung des Alltagsgeschehens auch dem Kundenkreis entgegenkam.

Ein solches Genrebild ist auch auf einer Uhr mit Holzrahmen und Laubsägeornamenten zu sehen. Dort ist

Rahmenuhr mit Darstellung von Jäger und Hund als Augenwender. Öl auf Blech. Um 1870. Höhe 42 cm. Privatsammlung.

Rahmenuhr mit Laubsägeverzierungen. Im Holzrahmen Darstellung einer Uhrmacherwerkstatt Johann Baptist Laule zugeschrieben.

Gefertigt in der Uhrmacherschule Furtwangen 1860. Höhe 47 cm.
Deutsches Uhrenmuseum, Furtwangen.

Detail.

es wohl die Familie des Uhrmachers, vielleicht mit einem Lehrjungen, die in der Werkstatt dargestellt ist. Werkzeuge und Uhren sind gut zu erkennen, die Tätigkeit des Jungen, der an einer Drehbank Zahnräder bearbeitet, nicht minder gut. Der Uhrmacher hält eine Kuckucksuhr in Bahnhäusleform mit einem bemalten Blatt, auf dem zwei Figuren zu erkennen sind. Ihm wird als Vater das jüngste Kind präsentiert. Im Hintergrund befindet sich ein Vogelkäfig, der gleichzeitig Kuckuckstür ist. Vogelkäfige hat es in den Haushalten des 19. Jahrhunderts oft gegeben, im Schwarzwald sind sie Hinweis auf die Tradition des Vogelhandels, aber auch als Spielzeug für die Kinder und zur Unterhaltung wurden solche Vögel gehalten. Das Zifferblatt der Uhr ist in einem nicht ins Bild integrierten Teil untergebracht, wodurch eine Zweiteilung erreicht wird. Diese Uhr verbindet Elemente der Rahmenuhr mit einer Dekora-

tionsart, den Schnitzteilen, die bei den späteren Bahnhäusleuhren sehr wichtig werden.
Eine andere Lösung, die schon auf Biedermeierformen deutet, weist eine Kuckucksuhr ohne bildliche Darstellung auf. Ein quadratischer Holzrahmen mit einfachem Profil und einer Goldleiste rahmt das Filet mit dem Zifferblatt. Oben ist, wie bei den Biedermeieruhren, ein gesägter Giebel mit dem Kuckuckstürchen aufgesetzt, das, wie die ganze Uhr, mit einem polierten Holzfurnier versehen ist. Hier ist der Kuckuck deutlich als Zusatzautomat zu erkennen, ohne Kuckuck würde diese Uhr als gewöhnliche Wanduhr feinerer Art durchgehen. Der Kuckuck dagegen verleiht ihr eine gewisse Volkstümlichkeit.
Das hölzerne Metallräderwerk hat vierfach geteilte Stabplatinen und ist 14 cm hoch, 13,5 cm breit, 7,5 cm tief. Die Messingräder haben Laternentriebe und sind mit Messingbuchsen in Holz gelagert. Das Geh-

werk hat eine Blechankerhemmung, der Anker ist mit einem Metallstreifen außerhalb der Holzplatine gelagert. Das Eintagewerk wird ebenso mit Ketten angetrieben, wie das neben dem Gehwerk liegende Halbstundenschlagwerk. Es wird von einer Messingschloßscheibe gesteuert. Der Kuckuck ist auf einem Metallhebel hinter der Tür angebracht, bewegt seinen Schnabel und wippt beim Kuckucksruf. Die Kuckuckspfeifen haben eine wirksame Länge von 13,5 cm und 10 cm und sind äußerlich gleichlang. Zusammen mit dem Kuckucksruf erfolgt der Stundenschlag auf eine Tonfeder. Auf der Rückwand der Uhr steht geschrieben: Joh. Baptist Beha in Eisenbach, Nr. 83. Schwarzwälder Rahmenuhren mit einem Kuckuck im Glasbild sind den Verfassern nicht bekannt. Das Problem bestand wohl darin, einen entsprechenden Ausschnitt für den Kuckuck in das Glas zu schneiden.

Biedermeieruhren können als Kombinationen von Rahmenuhren mit Auf- und Untersätzen angesehen werden. Die Dekorations- und Gehäuseelemente von Rahmenuhren, der rechteckige Rahmen mit Glastür, das darunterliegende Zifferblatt in einer Dekorationsfläche, – sei es ein Bild oder eine Ornamentierung – bilden die Mittelteile vieler Biedermeieruhren. Die Auf- und Untersätze sind meistens gesägte und gedrechselte Dekorationsteile. In den Aufsätzen befindet sich in aller Regel der Kuckuck. Hier finden wir erstmals ein Gehäuse, das das Uhrwerk mitumschließt. Noch bei den Rahmenuhren war das Werk in der Regel in einem kleineren Kasten hinter dem Rahmenteil befestigt, und der Rahmen stand entsprechend über. Die Herkunft der Biedermeierform ist unklar, allgemein wird angenommen, daß Möbel der Biedermeierzeit von 1815 bis 1830 als Maßstäbe dienten. Die kubische Grundform mit der relativ einfachen Dekoration könnte darauf zurückgeführt werden, denn dieser Uhrentyp tritt wesentlich später, etwa um 1860/70, in größeren Stückzahlen auf. Dementsprechend sind die Formen modifiziert und deuten auf die Dekorationsideen des späten 19. Jahrhunderts hin; beispielsweise bei der Häufung von Dekorteilen, etwa gedrechselten Knäufen und Wellenstabmotiven bei den Rahmen. Mitunter wird das Zifferblatt von Porzellansäulen eingerahmt. Damit wurde zum einen ein neuer Werkstoff verwendet, den Mitte der fünfziger Jahre gerade entstehende Fabriken herstellten. Zum anderen erinnern diese plastischen Säulen auch an die gemalten Säulen bei Lackschilduhren und sind damit wieder Zitate aus der internationalen Uhrenproduktion. Denn gerade an

Biedermeieruhr mit Kuckuck im Aufsatz. Poliertes Nußbaumfurnier. Um 1860. Höhe 30 cm.
Deutsches Uhrenmuseum, Furtwangen.

Werk der vorgenannten Uhr. Hölzerne Stabplatinen mit Metallräderwerk. Höhe 14 cm.
Deutsches Uhrenmuseum, Furtwangen.

diese Produktion wollte man anknüpfen, da mit den bisherigen Modellen ein Image aufgebaut worden war, das nun nicht mehr den Ansprüchen der Käufer genügte. Es galt, den bürgerlichen Salon zu bestücken, denn mit der Lackschild-uhr, die die kleinbürgerliche und bäuerliche Stube ausstattete, konnte dieser Raum nicht geziert werden. Die Dekoration der Biedermeieruhren besteht nicht nur aus den plastischen Gehäuseteilen, sondern auch aus bildlichem Schmuck, der um das Zifferblatt angeordnet ist. Mitunter ist das Zifferblatt auch in eine Bogenstellung eingepaßt, die von den Porzellansäulen und einem Holzbogen gebildet wird. Florale und ornamentale Verzierungen sind entweder aufgemalt oder in das vertiefte Holz gezeichnet und mit Farbe gefüllt. Regelrechte Intarsienarbeit gilt als sehr selten.
Zu diesen Biedermeieruhren gehört das Exemplar mit Kuckuck im aus-

gesägten Aufsatz. Dieser Aufsatz ist zusätzlich mit einem Blumendekor versehen, das sich im Bogen um das Emailzifferblatt fortsetzt. Die kannellierten Säulen aus Porzellan stützen diesen Bogen, wie wir es beim Lackschildkuckuck gesehen haben. Im unteren Bereich befindet sich ein einfach dekorierter Sockel. Das Werk dieser Uhr ist ein 4-fach geteiltes Stabplatinen-Holzwerk von 13,6 cm Höhe. Geh- und Schlagwerk mit Messingrädern und metallenen Laternentrieben liegen nebeneinander, die Messingschloßscheibe für den Halbstundenschlag ist hinten deutlich zu sehen und in einem Metallstreifen gelagert. Ebenso ist die Ankerwelle des gebogenen Blechankers für das Eintagewerk mit Kettenaufzug in einem Messingstreifen auf der Stabplatine befestigt. Fallen- und Betätigungshebel sind aus Metall und mit angebogenen Ösen versehen, die Zapfenlagerung der Räder erfolgt mit Messingbuch-

sen in den Holzplatinen.
Der Kuckucksvogel wird auf einem Metallhebel vor die Tür geschwenkt, er bewegt den Schnabel, die Flügel sind aufgemalt. Die Kuckuckspfeifen stehen neben dem Uhrwerk und haben wirksame Längen von 13,5 und 10 cm. Die Blasebälge liegen oben auf dem Werk. Der Schlag erfolgt zusätzlich mit einem Hammer auf die Tonfeder, die sich an der Rückwand des Gehäuses befindet. Wesentlich aufwendiger ist der Aufsatz einer anderen Uhr gestaltet. Dort befinden sich zusätzlich gedrechselte Knöpfe auf eckigen Sockeln vor dem Dreiecksgiebel. Der rechteckige Gehäusekörper unter dem Aufsatz ist nach Art einer Rahmenuhr aufgebaut: hinter einem Glas befindet sich ein vergoldetes Profil mit Wellenstabmotiv und ein Bild mit Zifferblatt. Die Darstellung hinter Glas zeigt eine Landschaft mit zwei Häusern und einer Brücke. Eines der Häuser weist Schloß-

Reich dekorierte Biedermeier-Rahmenuhr mit Hinterglasbild und -zifferblatt. Vergoldeter Wellenstabrahmen. Um 1880. Höhe 58 cm. Heimatmuseum/Uhrenmuseum, Schwenningen.

charakter auf, das andere ist ein beliebiges Wohngebäude. Diese Anlage ist topographisch kaum einer bestimmten Gegend zuzuordnen. Sie bleibt recht beliebig und ist motivisch nicht mit dem Kuckuck verbunden. Unterhalb dieses Bildes befindet sich ein Sockel, der mit einem Fries und Knöpfen ausgestattet ist.

Ebenfalls als Kombination ist eine Biedermeieruhr mit verschiedenen Automaten zu sehen. Hier ist der „Augenwendertypus" mit dem Kuckuck verbunden. Augenwender kamen häufig bei Rahmenuhren vor. Bei ihnen bewegen sich die Augen der dargestellten Personen mit dem Pendelschlag. Der Kuckuck hat seinen Platz im Aufsatz. Die bildliche Darstellung der beiden Männer gewinnt eine gewisse Dramatik durch die Bewegung der Augen, das Bild als solches ist dagegen wenig aussagekräftig. Auch der Kuckuck ist einfach hinzugefügt und findet keine thematische Entsprechung im Gehäuse der Uhr und seiner Dekoration. Der Aufsatz, in dem der Vogel sitzt, ist zwar mit floralen Einlegearbeiten verziert. Sie sind jedoch nur als Schmuckelemente relevant. Das dunkle Gehäuse ist mit verschiedenen Profilleisten versehen.

Biedermeieruhr mit der Darstellung
zweier Männer als Augenwender.
Kuckuck im floral dekorierten Auf-
satz. Goldene Profilleiste. Um 1870.
Höhe 37 cm.
Privatsammlung.

Abb. rechts
Bahnhäusleuhr mit ölbemalter Blech-
front. Darstellung einer Familie beim
Gebet. Kuckuckstür im Giebel, Laubsägedekoration am Rahmen. Um
1860. Höhe 38 cm.
Badisches Landesmuseum, Bruchsal.

Die Bahnhäusleform und ihre Folgen

Anläßlich der Krise in der Schwarzwälder Uhrmacherei gab es verschiedene Bemühungen, der Probleme Herr zu werden. Einen Teil der Anstrengungen um neue Gehäusetypen haben wir bereits kennengelernt. Nun ist von dem Entwurf die Rede, der bahnbrechend die Gestaltung gerade der Kuckucksuhr geprägt hat: die Bahnhäusleform. Ihr Entwurf wird allgemein Friedrich Eisenlohr zugeschrieben, der als Professor am Polytechnikum in Karlsruhe lehrte und als Regierungsbeauftragter für die Hochbauten der badischen Staatsbahnen zuständig war. Er verwendete die Formen der Bahnwärterhäuschen für seinen Gehäuseentwurf, und so entstand eine hausähnliche Grundform, die mit ausgesägten hölzernen Schmuckelementen versehen wurde. Die Form dieser Dekorationsteile ist auch an den Entwürfen für die Bahnwärterhäuschen zu finden; sie gilt als Entsprechung von Traditionen in badischen aber auch elsäßischen Lokalstilen.

Das Zifferblatt aus Email ist bei den frühen Bahnhäusleuhren in ein bemaltes Blechschild eingefügt. Die Bemalung stellte recht hohe malerische und künstlerische Ansprüche an den Maler, der damit nicht mehr der massenproduzierende Lackschildmaler sein konnte, sondern eine malerische Grundausbildung und entsprechendes Talent brauchte. Die Bilder stellen Szenen des täglichen Lebens dar und mitunter auch literarische Sequenzen, die aus bekannteren Gedichten oder Prosastücken der Region stammen und auch den Käufern bekannt waren. Die schon erwähnten Musterbücher zur Uhrenschildmalerei enthalten Entwürfe, die in den Schildern für Bahnhäusleuhren auch

mit Kuckuck verwirklicht wurden. Ein Druckverfahren, das 1850 aufkam, erleichterte die Übertragung des Bildentwurfes auf das Schild, so daß ein Handwerker hinterher nur noch die Umrisse fertig ausmalen mußte. Aber selbst dieses Verfahren eignete sich nur bedingt für eine Massenproduktion, wie sie die Schwarzwälder Uhrenfertigung erforderte. So blieben diese Bahnhäusleuhren neben Rahmenuhren und Biedermeieruhren wie auch neben Lackschilduhren eine Bereicherung des Angebotes, ohne den Durchbruch zu einem einheitlichen Gehäusedesign entsprechend dem der Lackschilduhr, zu ermöglichen. Und wie bei allen bisher besprochenen Gehäusen und Uhrentypen ist auch hier der Kuckuck lediglich ein Zusatz, der noch keine eigene Gehäuseform gefunden hat.

So befindet er sich im Giebelfeld des Bildes. Das Türchen ist als Vogelkäfig ausgebildet, der in einem Raum hängt. Dort spricht die Familie gerade ihr Dankgebet beim Essen. Sie steht damit in der Tradition auch der Bilder „Komm Herr Jesus sei unser Gast", die in der späteren Öldruckproduktion eine große Rolle spielen werden. Zudem ist es eine normale häusliche Szenerie, die besonders im ländlichen Raum lange erhalten blieb und für bildwürdig galt. Als Genreszene konnte sie sogar Einzug in das städtische Haus des mittleren und gehobenen Bürgertums halten.

Die Laubsägeverzierungen an der Basis des Hauses werden durch entsprechende Dekorelemente am Dachgiebel ergänzt. Auch hier sind die ornamentalen Muster ausgesägt und in Einzelteilen aufgesetzt. Das Bild zeigt eine Vogelfängerszene: drei Kinder, ursprünglich mit Schafehüten beschäftigt, machen Jagd auf den Kuckuck, dessen Türchen im Baum ist. Das Szenarium des Vogel-

Bemalte Lackschilduhr mit Kuckuck, Säulendekor und Blumen im Schildbogen. Sehr detaillierte und sorgfältige Darstellung von Rosen, Tulpen und Veilchen. Werk s. S. 7. Höhe 38 cm.
Badisches Landesmuseum, Karlsruhe.

Entwurf Friedrich Eisenlohrs für Bahnwärterhäuschen. Diese Entwürfe gelten als Vorbilder für die Bahnhäusleform der Schwarzwalduhr. Landesmuseum für Technik und Arbeit, Mannheim.

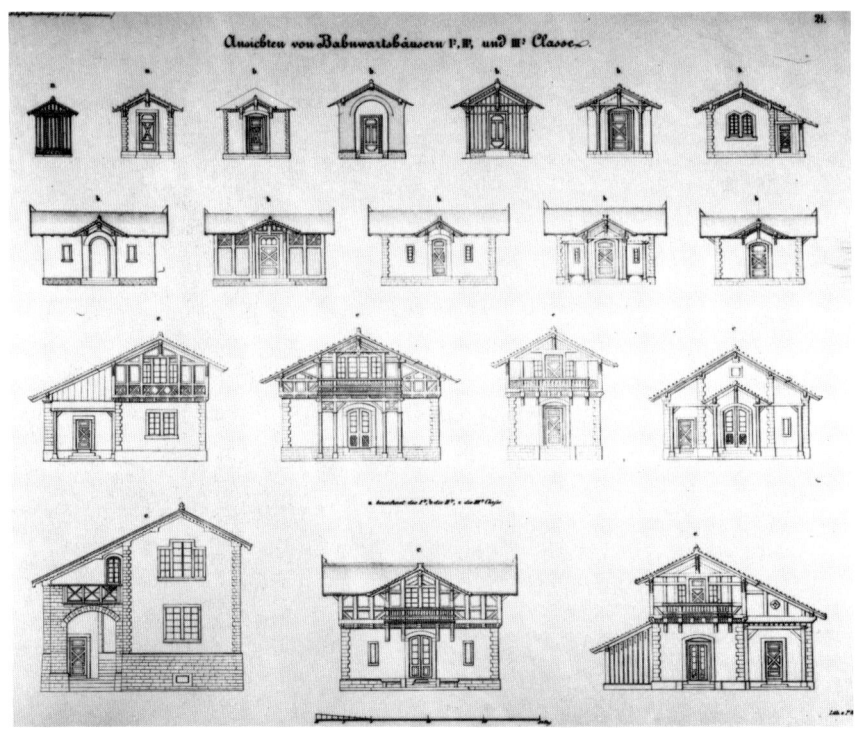

Bahnhäusleuhr mit Laubsägeverzierung und
bemaltem Blechschild. Darstellung einer
Männergruppe beim Umtrunk. Höhe 37 cm.
Um 1865.
Privatsammlung.

fangens paßt in das ländliche Genre und wird von den Bildern mit häuslichen Szenen, in denen der Vogelkäfig hängt, oder im formalen Aufbau – Personen, die um einen Baum formiert sind – von den Jagdszenen ergänzt. Ein ganzer Bilderkreis um das Leben auf dem Lande wurde um diese Darstellungen gruppiert. Als Beispiele dienen Jagdszenen, Hirtenszenen, häusliche Idylle oder Kinderszenen.

Auch die Hüteszene einer anderen Bahnhäusleuhr, mit reicherem Schmuck am Gehäuse, paßt in diesen Lebenskreis. Die beiden Kinder in Tracht verweilen am Feuer, im Hintergrund die Tiere und ein Waldstück. Wasserlauf und Sträucher runden das Bild ab. Der Kuckuck erscheint in den Baumwipfeln, seine Tür ist jedoch nicht dekoriert. Diese Szene ist die recht genaue Übernahme eines Entwurfes von Lucian Reich. Der Entwurf war für eine Rahmenuhr gedacht und ist auf die Bahnhäusleform übertragen worden, wodurch auch die etwas problematische Aufteilung mit Kuckuckstür und Zifferblatt bedingt sein könnte. Einem anderen Themenkreis entspringt das Bild einer reich verzierten Bahnhäuslekuckucksuhr. Florale und ornamentale Laubsägedekorationen umrahmen den Gehäusekorpus. Er zeigt das Bild einer Männergruppe, die einen Trinkspruch ausbringt: „Es leb' der Markgraf und sein Haus". Er ist einem Gedicht von Peter Hebel entnommen und als Bildszene recht beliebt gewesen. Eine weitere Version als Kuckuck ist bekannt, und es gibt diese Darstellung auch ohne Kuckuck. Die Gehäuse unterscheiden sich dabei in ihrer Dekoration, die Szene ist jedoch von Aufbau und Machart jedesmal gleich. In diesem Bild fand man offenbar keine Möglichkeit, den Kuckuck zu integrieren, er ist ein zusätzlich angebrachtes Detail.

Gehäuse in Bahnhäusleform mit Laubsägedekoration. Ölbild auf Blech gemalt: drei Kinder beim Vogelfangen. J. N. Heinemann und J. B. Laule 1861 zugeschrieben. Höhe 52 cm. Deutsches Uhrenmuseum, Furtwangen.

Bahnhäusleuhr mit Kuckuck und Laubsägeverzierungen, Blatt mit Hüteszene bemalt, Öl auf Blech. Um 1865. Höhe 29 cm. Schwarzwald-Museum, Triberg.

Neben den gemalten Blättern gibt es einfache aus Holz, teilweise mit eingeschnitzten Mustern ausgestattet. Bei Exemplaren dieser Art ist oft die Holzverzierung des Korpus stärker herausgearbeitet. Neben Sägearbeiten treten auch schon Schnitzereien auf. Blattornamente und Ranken bestimmen diese Dekoration, die zwischen den als Profilleisten gearbeiteten Hausgrundformen angebracht sind. Kuckuckstüren befinden sich auch hier im Giebelfeld, und neben dem Kuckuck gibt es Wachtelschläge oder auch mal ein Kuckucksecho. Bezeichnend sind auch die erst jetzt auftretenden Zeiger und Ziffern aus Bein, vulgo Knochen, und die Tannenzapfengewichte, die das Bild vervollständigen. Diese Form der Dekoration leitet über zum „klassischen" Typ.

Die Bahnhäusleuhren der frühen Periode haben als Kuckucksuhren verschiedene Werkarten. Die Ausführung erstreckt sich von den hölzernen Stabplatinenwerken mit Messingrädern über durchbrochene Messingplatinenwerke in massiver Ausführung bis zu den fast quadratischen, ebenfalls durchbrochenen Messingräderwerken wesentlich kleineren Volumens. Dabei ist der Aufwand bei den Kettenantriebswerken geringer als bei den federgetriebenen Werken. In allen Fällen handelt es sich jedoch um Schloßscheibenschlagwerke sehr ähnlicher Konstruktion. Eine Besonderheit ist die Ausführung eines Kuckucksrufes mit Echo, bei dem zwei Kuckucksvögel auf einem Metallbügel vor die zwei Kuckuckstürchen geführt werden. Vom gleichen Schlagwerk gesteuert führt der erste Kuckuck seinen Ruf aus, während der zweite mit zwei kürzeren Pfeifen danach den Echoruf ausführt. Dafür sind je zwei weitere Schlagwerkshebel und Hebel zum Anheben der zusätzlichen Blasebälge nötig. Sie werden

Bahnhäusleuhr mit reichhaltiger gesägter Dekoration. Um 1870. Höhe 38 cm. Deutsches Uhrenmuseum, Furtwangen.

Bahnhäuslekuckuck mit
Wachtel. Gesägte und
geschnitzte Verzierungen.
Dekoriertes Holzblatt.
Weinlaub am Giebel. Um
1880. Höhe 57 cm.
Deutsches Uhrenmuseum,
Furtwangen.

Wanduhr in Bahnhäusleform mit einfachen
gesägten und geschnitzten Ornamenten und
verzierter Kuckuckstür. Werk mit Federaufzug.
1870. Höhe 40 cm.
Deutsches Uhrenmuseum, Furtwangen.

Werk zur Uhr. S. 56. Hölzerne Stabplatinen mit Metallräderwerk.
Deutsches Uhrenmuseum, Furtwangen.

Werk zur Uhr mit Wachtel, S. 57 links
Messingplatinen mit drei Werken: Gewerk,
Kuckuck- und Wachtelruf. Höhe 16 cm.
Deutsches Uhrenmuseum, Furtwangen.

von nur einem Hebnägelrad betätigt.
Abweichend in Form und Ausführung ist das Werk einer Kuckuck-
und Wachteluhr. Hier sind drei Uhrwerke in einer rechteckigen Platinenanordnung nebeneinander
gestellt: in der Mitte das Gehwerk,
rechts das Werk zur Steuerung des
Wachtelrufes, links das normale
Schloßscheibenschlagwerk zur
Steuerung des Kuckucksrufes. Ähnlich wie beim Westminsterschlag
sorgt die Schloßscheibe für einen,
zwei, drei, bzw. vier Wachtelrufe,
woraufhin durch den vierten Ruf das
Kuckucksschlagwerk ausgelöst
wird. Die senkrecht stehenden Pfeifen weisen die übliche Anordnung
für den Kuckucksruf auf. Für die
Wachtel ist eine einzelne Pfeife
rechts sichtbar, sie ist ziemlich kurz.
Kuckuck und Wachtel werden auf
zwei getrennten Metallbügeln zu
den Türen geführt, bewegen Flügel
und Schnäbel und wippen mit der
Bewegung der Blasebälge. Das Eintagewerk hat Kettenantrieb.

Werk zur Uhr. S. 57 rechts. Federgetriebenes
Messingplatinenwerk robuster Bauart. Höhe
15 cm.
Deutsches Uhrenmuseum, Furtwangen.

Abb. rechts
Werk einer Uhr mit Kuckucksruf und -echo.
Quadratisches durchbrochenes Messingplati-
nenwerk. Höhe 14 cm.
Deutsches Uhrenmuseum, Furtwangen.

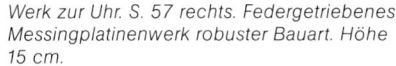

Bahnhäusleuhr zum vorgenannten Werk. Geschnitztes Blattornament und verziertes Blatt. Kuckuck mit Echo. Um 1880. Höhe 40 cm.
Deutsches Uhrenmuseum, Furtwangen.

Detail: Trotz reicher Schmuckelemente bleibt
durch architektonische Formen der Haus-
charakter gewahrt.

Der „klassische" Kuckuck

Mit der Entwicklung sind wir nun bei der anfangs angesprochenen typischen Vorstellung der Kuckucksuhr angelangt. Aufbauend auf dem Bahnhäusle-Typ, versehen mit reichhaltigen tiefen Schnitzereien und den Tannenzapfengewichten, steht die „klassische" Kuckucksuhr vor uns. Aber auch hier wird die Form nicht eindeutig vom Kuckuck bestimmt. Auffällig ist jedoch, daß besonders Uhren mit Kuckucksruf in dieser speziellen Gehäusebauart vorhanden sind, und daß es daneben eine ganze Modellpalette gab, die sich abstrakten, architektonischen oder ornamentalen Dekorationselementen verpflichtet sieht. Die so dekorierten Uhren haben in der Regel keinen Kuckuck. Das volkstümliche Element und die bodenständige Dekoration, die Tiere des Waldes und pflanzliche Motive verwendet, bilden eine Typisierung heraus, die gerade bei der Kukkucksuhr deutlich wird. Man könnte hier zum ersten Mal von einer typischen Gehäuseform der Kuckucksuhr sprechen, sollte jedoch beachten, daß diese Gehäuse auch ohne Kuckuck gebaut wurden. In den Katalogen des 19. Jahrhunderts werden Kuckucksuhren mit diesem Design angeboten, andere Uhren fallen unter die Begriffe der Salonuhr, der feinen Tisch- oder der Wanduhr.
Die Größe und die Reichhaltigkeit der Schnitzerei variiert ebenso wie die Qualität des Schnitzwerks, für das jetzt im Schwarzwald eine neue Gruppe von Handwerkern aufkam. Die Uhrmacherschule betreute bis 1863 auch diesen Bereich. 1877 wurde dann eine eigene Schnitzereischule eingerichtet, in der versucht wurde, das Niveau der Schnitzarbeiten zu gewährleisten. Künstlerische Qualitäten waren

Bahnhäusleuhr mit geschnitzter Dekoration: Eichenlaub mit Eichhörnchen als Bekrönung. Schwarzgebeiztes Gehäuse. Um 1880. Höhe 38 cm. Deutsches Uhrenmuseum, Furtwangen.

62

sicher wie früher bei den Malern gefragt, aber immer noch war es die Massenproduktion, die die Schwarzwälder Uhrenindustrie auszeichnete, und so war allzu kunstvolles Wirken nur in seltenen Fällen möglich. Die hier aufgeführten Beispiele können als repräsentativ für das breite Angebot an geschnitzten Kuckucksuhren des ausgehenden 19. Jahrhunderts gelten.

Dabei werden die Rahmenlinien der Hausform als Träger für die geschnitzte Dekoration verwendet. Im Giebelbereich gibt es hier einen Vogel und zwei symmetrisch angeordnete Blätter. Astteile und Blattstiele füllen die Verzierung und schaffen den Übergang zu den vertikalen Hauslinien. Dort sind diagonal zwei Vögel angebracht, die auf Ästen sitzen und eine recht typische Haltung einnehmen. Diese Haltung mit dem rückwärts zum Kuckuckstürchen gewandten Kopf begegnet uns immer wieder und vornehmlich an dieser Position. Auch das zentral angebrachte Blatt und die Blätter an den Kreuzpunkten der Hausbasis kennzeichnen diese Ausführung. (Bild S. 16)

Bei einem anderen Muster sind vor allem florale Elemente verwendet worden. Eichenblatt- oder seltener Blumenranken umrahmen die Gehäusegrundform, die stark ausgebildeten Diagonalen fehlen hier. Als Krönung des Giebels fungiert auch bei überwiegend floraler Dekoration ein Vogel oder ein anderes Tier aus der Waldszene, etwa ein Eichhörnchen.

Auch der eine oder andere Anklang an die Lackschildform ist zu finden, vielleicht aus dem Bemühen, den neuen Uhrentyp in allen Einzelheiten zu variieren, um dem Kunden immer neue Versionen vorführen zu können. Der Zifferblattbereich ist mit einer Riefelung versehen und von einem starken Geäst mit einzelnen

Bahnhäusleuhr mit geschnitzter Blattverzierung. Front mit senkrecht eingeschnittener Riefelung in angedeuteter Lackschildform. Reh als Giebelkrönung. Um 1880. Höhe 48 cm.
Schwarzwald-Museum, Triberg.

63

Bahnhäuslekuckuck mit detaillierter reichhaltiger Schnitzerei von Reblaub und Vogelnest. Eichengehäuse. 1860. Höhe 31 cm.
Deutsches Uhrenmuseum, Furtwangen.

Blättern an den Endpunkten um-
rahmt. Die eigentliche Hausform ist
nicht mehr zu erkennen; diese
Variante ist eher auf der Grundform
des Lackschildes aufgebaut, wobei
das Reh der Bekrönung ebenso wie
die Dekorationstechnik und -motivik
der „klassischen" Kuckucksuhr entspricht.

Zu den ausgefeilteren Gehäusen
gehört ein Objekt, das die Bahnhäusleform als Grundlage aufweist
und eng an der Linienführung des
Hauskorpus die Dekoration von
Weinlaub mit Trauben, verbunden
mit Ästen entwickelt. Oben neigt
sich ein Vogel hinab, im unteren
Bereich befindet sich ein Nest mit
spähenden Vögeln. Vielleicht ist dies
ein Hinweis auf das Legen von Kuk-
kuckseiern. Die Dekoration von Kuk-
kuckstür und Zifferblattinnenring
weisen eine recht detaillierte
Behandlung mit Schmuckmotiven
auf, die bei den geschnitzten Bahnhäusleuhren je nach Qualität besser
oder schlechter ausfiel.

Das Holzplatinenwerk einer Höhe
von 14 cm mit massiven Messingrädern und Laternentrieben aus Metall
unterscheidet sich wenig von einer
Anzahl ähnlicher Werke der verschiedenen Uhren aus der Zeit zwischen 1850 und 1900. Typisch sind
Messingschloßscheibe, Halbstundenschlag, Pfeifen von etwa 13,5
und 10 cm Wirklänge bei gleicher
Länge in der senkrechten Anordnung. Eintagewerke mit Kettenaufzug und einer Pendellänge von etwa
30 cm sind die Regel.

Der Kuckucksvogel bewegt Flügel
und Schnabel, er wird auf einem
Metallträger zur Kuckuckstür
geschwenkt, und wippt beim Rufen.
Die Vögel sind meist relativ einfach
aus Holz geschnitzt, in einigen Fällen jedoch sind sie reich dekoriert,
teils sogar mit Federn beklebt. Ihre
Länge liegt zwischen 8 und 11 cm.
Die Stundenanzeige erfolgt außer

durch den Kuckucksruf durch einen
Schlag auf die Tonfeder in der
Gehäuserückwand.

Den Abschluß dieser Betrachtungen
bilden die großen, dekorativ aus-
ladenden Uhren. Bei ihnen ist eine
Fülle von Motiven kombiniert und
läßt die Grundform des Bahnhäusles
fast verschwinden. Die Teile konnten
größer geschnitzt und in größerer
Anzahl kombiniert werden. Sehr
beliebt war auch hier wieder der
Themenkreis der Jagd, die oft als
Trophäensammlung Einzug in die
Schnitzerei hielt. Auf Eichenlaub
sieht man einen Hirschkopf mit zwei
gekreuzten Gewehren im Giebel, an
den Seiten erlegte Tiere wie Hasen
oder Auerhähne, und den Abschluß
bildet die Jagdtasche. Das Zifferblatt
ist zusätzlich durch ein Jagdhorn
eingefaßt, so daß Jagdutensilien und
-beute zusammengestellt sind. Die
Kuckuckstür, kombiniert mit einer
Tür für die Wachtel, ist ebenfalls von
Eichenlaub hinterfangen.

Abb. rechts
Werk der vorgenannten Uhr. Hölzerne
Stabplatinen mit Metallräderwerk.
Deutsches Uhrenmuseum, Furtwangen.

Dieser Reihe typischer Kuckucksuhren parallel läuft eine Gehäuseentwicklung, die an die früher schon konstatierte Gehäusevielfalt anknüpft. Hier ist die Grundform des Bahnhäusles immer noch vorhanden, aber es ist ein anderer Haustyp, der dazu verwendet wird und sich vor allem durch die Dachform des Krüppelwalms, wie man ihn auch aus dem Schwarzwälder Höfebau kennt, auszeichnet. Die Dekorationselemente entstammen nicht mehr ausschließlich der Waldmotivik, sondern bewegen sich im ornamentalen und architektonischen Bereich.

Mitunter sind einige Details der volkstümlicheren geschnitzten Gehäuse verwendet worden, wie die Ornamentleiste am Giebel oder die Zifferblattunterlegung mit Blattornamentik.

Einige dieser Gehäuse sind mit Konsolen versehen und weisen Bekrönungen auf, die an Türme erinnern. Wappenschilde und Geländer, Voluten, Friese und geometrische Ornamentik rund ums Zifferblatt sind neben zwei Bildern von Hütekindern Zeichen einer Häufung von Medien -Plastik und Malerei- und von Dekorationsformen – Ranken, ornamentale Elemente, Blattwerk. (Bild S. 69) Eine solche Dekorationshäufung ist typisch für das ausgehende 19. Jahrhundert und findet auf diesen Kuckucksuhren ihre Entsprechung. Auch bei Möbeln und anderen Gebrauchsgegenständen ist die Kombination verschiedener Dekorelemente zu finden. Sie wurden meist aus Musterbüchern ausgesucht und je nach Stilinteresse des Entwerfers zusammengestellt. Die „Salonfähigkeit", die bei den Kuckucksuhren durch dieses Auswählen erreicht wurde, kontrastiert mit der Volkstümlichkeit des Vogels und sei-

Großer geschnitzter Kuckuck in Bahnhäusleform. Dekorative Schnitzarbeit unter Verwendung von Jagdmotiven. Um 1880. Höhe 141 cm. Stadt St. Georgen.

Wanduhr mit Kuckuck.
Geschnitztes, floral ver-
ziertes Nußbaum-
gehäuse von R. Bich-
weiler und A. Tritschler.
Furtwangen, 1898. Höhe
68 cm.
Deutsches Uhren-
museum, Furtwangen.

Wanduhr mit hausähnli-
chem Gehäuse aus Nuß-
baum. Dekorative Gie-
belleiste und flache
Schnitzerei. R. Bichwei-
ler und A. Tritschler. Furtwangen, 1898. Höhe 70
cm.
Deutsches Uhren-
museum, Furtwangen.

nem extrem auffälligen Ruf, so daß immer wieder die schwer zu vereinbarenden Elemente salonfähiger Gestaltung und des volkstümlichen Automaten erkennbar sind. Dabei ist der Kuckuck wieder Zusatzobjekt, solche Gehäuse sind in reicher Anzahl auch ohne den Kuckucksautomaten gebaut worden.

Die besonders prächtig dekorierte Kuckucksuhr enthält ein Federaufzugswerk mit massiven Messingplatinen der Höhe 21 cm. Geh- und Schlagwerk haben Federantrieb mit Schnecke und Darmsaite; massive Messingräder und Volltriebe zeichnen das Werk aus. Das Gehwerk hat einen massiven Stahlanker und ein schweres Pendel von 25 cm Länge. Das Halbstundenschlagwerk mit Tonfeder und Kuckucksruf weist senkrecht angeordnete Pfeifen von 13 und 10 cm Länge auf. Der auffällig große Kuckuck wippt beim Rufen und bewegt die Flügel, er wird auf einem Metallträger nach vorn geschwenkt. Hersteller des Werkes ist die Firma Johann Baptist Beha Söhne in Eisenbach 1885.

Die Werke der ebenfalls gefällig dekorierten Kuckucksuhren sind identische Ausführungen der Firma Gordian Hettich und Söhne in Furtwangen. 10,6 cm beträgt die Höhe der durchbrochenen Messingplatine, der Kettenantrieb bewegt ein Eintagewerk mit Blechanker und ein Halbstundenschlagwerk mit Schloßscheibe normaler Bauart. Die Messingräder zwischen den verstifteten Platinen sind mit 2,5 mm recht massiv. Sie sind mit Laternentrieben ausgestattet, die Hemmung erfolgt durch einen gebogenen Blechanker. Der Kuckuck wird auf einem Metallbügel zur Tür bewegt und wippt. Flügel und Schnabel sind beweglich. Die Kuckuckspfeifen haben wirksame Längen von 13,5 und 9,5 cm.

(Bild S. 67)

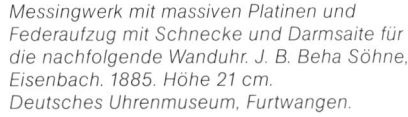

Quadratisches Messingwerk mit durchbrochenen Platinen der beiden vorangegangenen Uhren. Gordian Hettich Söhne, Furtwangen. 1898. Höhe 10,6 cm.
Deutsches Uhrenmuseum, Furtwangen.

Messingwerk mit massiven Platinen und Federaufzug mit Schnecke und Darmsaite für die nachfolgende Wanduhr. J. B. Beha Söhne, Eisenbach. 1885. Höhe 21 cm.
Deutsches Uhrenmuseum, Furtwangen.

Die Kuckucksuhr mit Federantrieb

Die Tischuhren mit Kuckuck aus der zweiten Hälfte des 19. Jahrhunderts haben durchweg stabilere Uhrwerke. Ursprünglich waren es hölzerne Stabplatinenwerke mit etwa 25 cm Bauhöhe, dann gab es massive Messingplatinen in 21 cm Höhe, später kamen durchbrochene Messingplatinen von 20 cm Höhe auf und schließlich waren es weniger massive und weniger voluminöse Uhrwerke mit durchbrochenen Platinen und Bauhöhen von 16 – 19 cm. Die Lyraform deutet sich in den durchbrochenen Platinenausführungen bei verschiedenen Exemplaren an. Die Uhrwerke sind wegen der Tischuhrform mit Federaufzug ausgestattet, in vielen Fällen erfolgt der Antrieb über ein Federhaus mit Schnecke und Darmsaite, manchmal sogar mit Schnecke und Kette. Selten ist die Kombination eines Schlagwerkes mit Federantrieb durch Schnecke und Darmsaite mit einem Gehwerk, das von einem einfachen Federhaus bewegt wird. Die gegossenen Platinen sind bis zu 4 mm dick, auch die Räder und Hebel sind massiv und solide ausgeführt. Bei den Trieben findet man häufig Volltriebe, teilweise aber auch Laternentriebe. Die Gangdauer beträgt in der Regel 8 Tage, bei den Schlagwerken handelt es sich normalerweise um Halbstundenschlagwerke mit Schloßscheibensteuerung. Die Schlagwerkshebel sind entsprechend der sonstigen Ausführung aus Metall mit Hebeln und angebogenen Drahtösen für den Kuckucksmechanismus gefertigt. Der Platinenzusammenhalt wird meist mit Stiften erreicht, nur in wenigen Fällen ist eine Verschraubung vorhanden. Die Qualität dieser Werke wird im Laufe der Zeit von der Anlage her geringer, doch sind

Große, reich dekorierte Wanduhr mit Nußbaumgehäuse. Copie einer für Freiburg gefertigten Uhr zum Besuch des Erbgroßherzogpaares 1885. Wappen von Baden, Nassau und Freiburg. R. Bichweiler und J. Winterhalder. 1885. Höhe 117 cm. Deutsches Uhrenmuseum, Furtwangen.

Detail. Das Kuckuckstürchen trägt das Freiburger Stadtwappen.

in jedem Fall recht solide Werkaus-
führungen anzutreffen.

Das Werk einer vornehmer intarsier-
ten Tischuhr – nach Art der Beha-
Uhren ausgeführt – ist ein Stabplatinenwerk in 4-facher Unterteilung mit
Federhäusern und Schnecke mit
Darmsaite. Die sehr massiven Messingräder haben teils Voll- teils Hohltriebe und sind in Messingfuttern in
den Holzplatinen gelagert. Das Gehwerk mit 8-tägiger Gangdauer hat
ein schweres Pendel von 28 cm
wirksamer Länge und Blechankerhemmung. Das Schlagwerk mit
Messingschloßscheibe ist für Halbstundenschlag ausgelegt. Die senkrecht stehenden Pfeifen haben 13,5
und 9,5 cm wirksame Länge und
werden durch oben liegende Blasebälge beschickt. Der große
geschnitzte Kuckuck mit beweglichem Schnabel und beweglichen
Flügeln ist 11 cm lang. Er wird über
einen Metallträger zur Tür bewegt
und wippt beim Rufen.

Das Gehäuse für dieses Werk wurde
von einer der Firmen hergestellt, die
für den englischen Markt arbeiteten
und ihre Gehäuseproduktion an den
dort herrschenden Geschmacksrich-
tungen orientierten. Im Schwarzwald
stellten einige Firmen preisgünstige
Uhren in einem Design her, das
auch bei teureren Uhren üblich war.
Die Käufergruppe, an die sich dieses Design wandte, schätzte einfach aufgebaute Gehäuse mit sparsamen floralen Einlegearbeiten.
Auch hier fehlt der Kuckuck nicht.
Neben den Stabplatinenwerken bei
den Tischuhren gibt es auch Mes-
singwerke mit massiven Platinen.
Das Werk einer solchen Tischuhr im
gotischen Gehäuse ist 20 cm hoch
mit 4 mm starken verstifteten Messingplatinen. Geh- und Schlagwerk
haben Federhäuser mit Schnecke
und Darmsaite, die Räder sind sehr
sauber gearbeitet und mit Volltrie-
ben versehen. Das Gehwerk mit

acht Tage Laufdauer hat einen Blechanker und ein Pendel von 26 cm Länge. Eine Schloßscheibe steuert das Stundenschlagwerk auf Tonfeder. Für den Wachtelruf genügt eine Pfeife.

Hergestellt wurde das Werk von der Firma Philipp Haas und Söhne in St. Georgen, wahrscheinlich nach 1860.

Ende des 19. Jahrhunderts gab es in der Kunstwelt eine ausgedehnte Debatte um die Frage, in welchem Stil gebaut werden sollte. Dahinter stand das Bemühen um einen einheitlichen Stil, der den Stilpluralismus der Architektur des 19. Jahrhunderts ablösen sollte. Dieser Stilpluralismus fand für jede Bauaufgabe einen angemessenen Rahmen, und so entstanden Gebäude mit Elementen aus der Gotik, der Renaissance und verschiedenen anderen Stilen. Diese Haltung wurde auch auf Gebrauchsgegenstände übertragen. Dadurch konnten Uhren im „gotischen Stil" oder im „Renaissancestil" entstehen. Aus Vorlagenbüchern wurden bestimmte Dekorationselemente für ein Gehäuse ausgesucht, so daß der Eindruck eines gotischen Bauwerks entstand. Auch bei Formen der Renaissance konnte der Gehäusegestalter auf Vorlagen zurückgreifen und zusätzlich Dekorelemente anderer Epochen mitverwenden.

Tischuhr mit vorgenanntem Werk. Nußbaumfurniertes Gehäuse mit hellen floralen und Fadeneinlagen nach englischer Art. Kuckuck im Bogenfeld. Um 1875. Höhe 40 cm. Deutsches Uhrenmuseum, Furtwangen.

Schweres Messingwerk mit dekorativ durchbrochenen Platinen und Federantrieb über Schnecken und Darmsaiten. Stundenschlag auf Tonfeder mit Wachtelruf. Philipp Haas Söhne, St. Georgen. Höhe 20 cm. Deutsches Uhrenmuseum, Furtwangen.

71

Dieser Stilpluralismus wird besonders deutlich bei den Tischuhren mit Kuckuck, die einen gesonderten Bereich einnehmen können und bei denen alle Stilelemente der geschnitzten Wanduhren zu finden sind. Sie tangieren aber auch den Bereich der großbürgerlichen Salonuhr. Der Kuckucksruf ist wieder eine Zusatzfunktion. Die unteren, frei hängenden Dekorationsteile der Wanduhren werden bei den Tischuhren durch eine Sockelzone ersetzt.

Eine aus einfachen Kuben aufgebaute Tischuhr mit sparsamen geschnitzten Dekorationsauflagen und Blattmotiven gehört in den Bereich der Bahnhäusleuhren mit Schnitzwerk (Bild S. 74).

Das Werk dieser Uhr ist ein solides Messingplatinenwerk mit angedeuteter Lyraform. Geh- und Schlagwerk werden von starken Federn in Federhäusern angetrieben, das Gehwerk läuft 8 Tage und hat ein kurzes Pendel. Das Halbstundenschlagwerk mit Schloßscheibensteuerung betätigt die Tonfeder und den Kuckucksruf. Alle Schlagwerkshebel sind aus Stahl mit gebogenen Drähten.

Ein anderes Objekt verwendet ausgesägte Ornamente, die entfernt an die Krabben der gotischen Bildwelt erinnern und zeigt im Gehäusekörper vierpaßähnliche Aussparungen. Die Uhr hat ein fast quadratisches durchbrochenes Messingplatinenwerk in der Höhe 11,5 cm. Hersteller ist die Firma Gordian Hettich und Söhne in Furtwangen, die Nummer des Werkes ist 27. Der Antrieb von Geh- und Schlagwerk erfolgt durch starke Federn in Federhäusern, das Gehwerk läuft 8 Tage und hat eine Blechankerhemmung. Die senkrecht neben dem Werk stehenden Kukkuckspfeifen haben 13,5 und 9,5 cm wirksame Länge, der 10 cm lange Kuckuck wird auf einem Metallbügel vor die Kuckucksuhr bewegt, hat ein beweglichen Schnabel und wippt infolge der Blasebalgbewegung beim Halbstundenschlag (Bild S. 75).

Abb. S. 72
Tischuhr mit vorgenanntem Werk. Eichengehäuse mit gotischen Dekorelementen. Auf halber Höhe Automat mit bewegtem Soldaten.
Um 1880. Höhe 97 cm.
Deutsches Uhrenmuseum, Furtwangen.

Details

Tischuhr in Bahnhäusleform mit aufgelegten floralen Schmuckteilen und schwarz abgesetzten Rahmenleisten. 1880. Höhe 39 cm. Deutsches Uhrenmuseum, Furtwangen.

Metallräderwerk der vorgenannten Uhr. Durchbrochene Platinen in angedeuteter Lyraform. Federantrieb. 1880. Höhe 12 cm. Deutsches Uhrenmuseum, Furtwangen.

Die typische Kuckucksuhr, die wir bei den geschnitzten Wanduhren kennengelernt haben, gibt es auch als Tischuhr mit reichlich Blattwerk und dem bekrönenden Vogel.

Das federgetriebene Messingplatinenwerk hat 2 mm dicke Platinen, deren hintere Oberfläche, offenbar maschinell, mäßig gut poliert ist. Auch die Räder sind maschinell bearbeitet und die Platinen verstiftet. Das 8-Tage-Gehwerk wird von einem massiven Federhaus angetrieben, die Hemmung erfolgt durch einen Blechanker (Bild S. 76). Erstaunlich ist die Ausführung des Schlagwerkes mit einem stabilen Federhaus und Schnecke mit Darmsaite. Die Platinenhöhe beträgt 19 cm, die senkrecht stehenden Pfeifen sind 14 und 9,5 cm lang. Der Kuckuck wird auf einem Metallbügel zur Tür bewegt, öffnet den Schnabel und bewegt die Flügel, durch die Blasebalgbewegung wird er beim Kuckucksruf in wippende Bewegung versetzt. Das Werk wurde von der Firma Gordian Het-

tich und Söhne in Furtwangen hergestellt.

Einer ganz anderen Ornamenttradition entstammen die Dekorteile einer weiteren Tischuhr. Chinesisch anmutende Drachen und ein entfernt an eine Pagode erinnerndes Dach lassen den Einfluß exotischer Welten auch auf die Schwarzwälder Gehäuseproduktion durchscheinen. Die Porzellankartuschen der Ziffern dagegen kommen aus dem französischen Einflußbereich und sind mit dem Kuckuck zu einer bunten Mixtur vereint (Bild S. 78).

Die Tischuhren weisen damit recht deutlich die Bandbreite der in der 2. Hälfte des 19. Jahrhunderts aus dem Schwarzwald kommenden Gehäusetypen nach, und der Kuckuck ist bei den meisten dieser Gehäuse ein Zusatzautomat, der zu keinem eigenständigen Gehäuse gehört. Lediglich die geschnitzte Version der Bahnhäusleform kann für sich in Anspruch nehmen, überwiegend bei Kuckucksuhren eingesetzt worden zu sein. Die Werke die-

ser Tischuhren zeigen Varianten einer Bauart, die insbesondere durch den Federzug bestimmt ist. Den Übergang zur Moderne können bei den Kuckucksuhren zwei Exemplare darstellen, deren Formgebung einem späten und eher volkstümlichen Jugendstil zugeordnet werden kann.

Tischuhr mit mehrfach getrepptem Sockel und ausgesägten stilisierten Dekorelementen. Eichengehäuse. Um 1890. Höhe 51 cm. Deutsches Uhrenmuseum, Furtwangen.

Metallräderwerk der vorgenannten Uhr mit durchbrochenen Platinen. Federantrieb. Höhe 11,5 cm. Deutsches Uhrenmuseum, Furtwangen.

Die Wanduhr mit rechteckigem Schild zeigt im oberen Teil einen Auerhahn auf dem Hintergrund eines Waldes. Die einzelnen Teile von Vogel und Wald sind unterschiedlich stark plastisch herausgearbeitet und deuten damit eine räumliche Gestaltung an, die seit der Renaissance im Relief üblich ist. Der Kuckuck erscheint etwas unmotiviert mitten im Bild und ist nicht in den Wald eingebunden. Der untere Teil des Schildes trägt das Zifferblatt, das aus einem profilierten Metallring besteht, wie man ihn bei Standuhren vom Anfang des 20. Jahrhunderts kennt. Die Bildmotive orientieren sich an dem volkstümlichen Bereich, der uns schon bei den Bahnhäusleuhren begegnet ist, und die Verwendung eines Schildes verweist auf frühe und Lackschildkuckucksuhren (Bild S. 79).

Dagegen weist das Tischuhrmodell geometrische Ornamente auf, die einem sehr massiven Werk vorgeblendet sind. Es handelt sich hier nicht um das Gehäuse für eine Uhr, sondern um ein Modell, wie es für Dielenuhren und massive Werke an der Uhrmacherschule in Furtwangen üblich war. Die Vorblendung eines schildartig ausgeführten Holzbrettes mit einer ornamentalen Dekoration läßt den Schluß zu, daß hier nicht nur das Werk, sondern auch die potentielle Gehäusedekoration demonstriert werden sollte.

Das Uhrwerk dieser Modellausführung ist ein besonders stabiles Platinenwerk mit 5 mm dicken Platinen in der Höhe 22,4 cm, Breite 21,8 cm, Tiefe 6,8 cm. Es hat drei federgetriebene Werke mit Schnecke und Kette, die massiven Messingräder weisen Volltriebe auf. Das in der Mitte befindliche 8-Tage-Gehwerk hat einen massiven Stahlanker, das Viertelstunden-Schlagwerk betätigt den Wachtelruf, das Stundenschlagwerk mit Schloßscheibensteuerung ist für den Kukkucksruf und den Schlag auf sehr massive Tonfedern verantwortlich. Kuckuck und Wachtel haben bewegliche Schnäbel und wippen beim Ruf, der Kuckuck bewegt zusätzlich die Flügel. Der Kuckucksmechanismus ist offensichtlich als Zusatzeinrichtung in das Werk eingebaut worden (Bild S. 80).

Aus den Dreißiger Jahren sind Entwürfe bekannt, die das volkstümliche Bildgut um Hausform und verschiedene Elemente aus Wald und Feld in leicht abstrahierender Form anbringen und diese Grundformen leicht abwandeln. Es scheint sich dabei um ein bewußt „modern" gestaltetes, volkstümliches Kukkucksuhrendesign zu handeln.

Großes Metallräderwerk mit durchbrochenen Platinen. Federantrieb mit Schnecke und Darmsaite für das Schlagwerk, einfacher Federantrieb für das Gehwerk. Um 1870. Höhe 19 cm.
Deutsches Uhrenmuseum, Furtwangen.

Tischuhr zum vorgenannten Werk. Florale und figurale Schnitzerei nach Art der geschnitzten Bahnhäusleuhren. Um 1870. Höhe 46 cm (ohne Aufsatz).
Deutsches Uhrenmuseum, Furtwangen.

Tischuhr mit fernöstlich anmutender Ornamentik und mehrfach gestuftem Sockel. Emailkartuschen. Um 1880. Höhe 66 cm. Deutsches Uhrenmuseum, Furtwangen.

Katalogseite der Fa. Heer, Vöhrenbach. Im Angebot befindet sich eine Uhr mit chinesisch anmutender Dekoration ähnlich dem vorgenannten Objekt.
Stadtarchiv Villingen.

*Wanduhr mit geschnitztem Holzschild.
Reliefartig ausgearbeitete Baumszenerie mit
plastischem Auerhahn. Metallzifferblatt mit
arabischen Ziffern. Jugendstilzeiger. 1905.
Höhe 49 cm.
Privatsammlung.*

Tischuhrmodell mit vorgenanntem Werk und
geometrisch ornamentiertem Schild. Rot-
gebeizte Eiche. Höhe 58 cm.
Deutsches Uhrenmuseum, Furtwangen.

Sehr massives Uhrwerk mit drei Werken.
Federantrieb mit Schnecken und Ketten.
Kuckuck und Wachtel. Schwere Rundgongs.
J. B. Beha Söhne, Eisenbach. 1905. Höhe
22,5 cm.
Deutsches Uhrenmuseum, Furtwangen.

Die Kuckucksuhr in der Moderne

Die Kuckucksuhren der letzten Jahre weisen immer noch die im 19. Jahrhundert festgelegte Bildwelt und Gehäuseform auf. Bahnhäusleformen mit jagdlichen oder einer Szenerie des Waldes entnommenen Motiven sind die gängigen Typen im heutigen Angebot. Mehr oder weniger bunt, meist mit einem zusätzlichen Automaten ausgestattet, werden sie angeboten. Selbst der Rückgriff auf historische Gehäuseformen und -dekorationen, teilweise als genaue Übernahmen, ist nicht nur bei Lackschildkuckucksuhren, sondern auch bei geschnitzten Bahnhäusleformen zu bemerken. Die Probleme mit kostengünstiger Massenfertigung bei gleichzeitigem gestalterischen Anspruch an Malerei und Schnitzwerk sind ebenfalls noch akut. Bemühungen um ein neues Gehäusedesign kamen in einer Abwandlung der Grundform um 1985 auf: bei der Baumstamm-Form wurde die gewohnte Hausform verlassen und ein längsrechteckiger Körper geschaffen, der mit Holzmaserung und verschiedenen Tieren des Waldes, Eule und Auerhahn, ausgestattet wurde. Aber es ist immer noch die Motivwelt des Waldes, die auch eine neue Grundform dekorativ prägt.

Motive des Waldes und die Gehäuseform des Bahnhäusles bestimmen bis heute das Bild von der Kuckucksuhr, und diese Kombination wäre auch die einzige, die einen Anspruch auf eine Bezeichnung als Gehäuseform erheben könnte. Ansonsten sind es verschiedene Gehäusetypen und damit auch Uhrentypen, die allein durch die Anwesenheit eines bestimmten Automaten als Kuckucksuhr bezeichnet werden, unabhängig von der Art ihres Gehäuses oder Werkes. Im Schwarzwald gehört der klassische Bahnhäusletypus zum Bild, das bewußt geprägt und vom Tourismus angenommen wird. Neue Designformen sind nur schwer durchzusetzen, da auch der Kuckuck mit seinem Ruf fest im Bewußtsein mit bestimmten Gehäuseformen verbunden ist.

Stark abweichende neue Formen werden von den Käufern offenbar nicht angenommen, das gilt für high-tech-design ebenso wie für postmoderne Formen oder für neoklassische moderne Elemente. Allein durch die spezifische Assoziation, die durch den Kuckucksruf entsteht, werden den Bemühungen um neues Design Grenzen gesetzt. Es ist ein ähnliches Problem, wie es uns bereits bei der salonfähigen Kuckucksuhr begegnete.

Die heutige Produktion sieht sich in der Tadition der geschnitzten Bahnhäusleform und bringt verschiedene Werkvarianten auch beim Schlagwerk auf den Markt. Daneben gewinnt zunehmend der Typ des Schweizer Chalets an Bedeutung. Auch dieser Haustyp wird mit der ganzen Szenerie des Schwarzwaldes oder allgemeiner des ländlichen Lebens kombiniert: Rehe stehen am Waldrand, ein Uhrenträger kommt vorbei, die Wassermühle läuft, Holz wird gesägt und verschiedene andere Tätigkeiten und Elemente aus dem Genre tauchen auf. Sehr oft ist eine solche Szenerie mit Automaten ausgestattet, die zur vollen Stunde Bewegungsabläufe in Gang setzen. Auf die Uhr verweist gerade noch das Zifferblatt, ansonsten handelt es sich eher um dekorative Schaustücke mit ländlicher Thematik. Zu erwähnen ist dabei, daß immer noch mechanische Werke verwendet werden und nur wenige Firmen die ganze Uhr, Gehäuse und Werk, selbst herstellen. Die elektronische Kuckucksuhr ist machbar, doch im Gegensatz zu anderen Uhrengattungen konnte sie sich in diesem Fall nicht am Markt durchsetzen. Überwiegend werden von den Fabriken mechanische Werke gekauft und mit eigenen oder ebenfalls gekauften Gehäusen kombiniert. Diese Arbeitsteilung ermöglicht es auch bayerischen Firmen, Kuckucksuhren zu bauen, die von ihren Schwarzwälder Schwestern weder im Gehäuse noch im Werk zu unterscheiden sind. Nach diesem Muster werden auch in der Schweiz Kuckucksuhren hergestellt. Dort wurde jedoch von vornherein auf die Gehäuseform des Chalets mit seinem figürlichen Umfeld und den entsprechenden Accessoires

Elektronischer Schaltungsaufbau zur Erzeugung eines synthetischen Kuckucksrufes. Diplomarbeit der Fachhochschule Furtwangen, 1976. Höhe 42 cm. Deutsches Uhrenmuseum, Furtwangen.

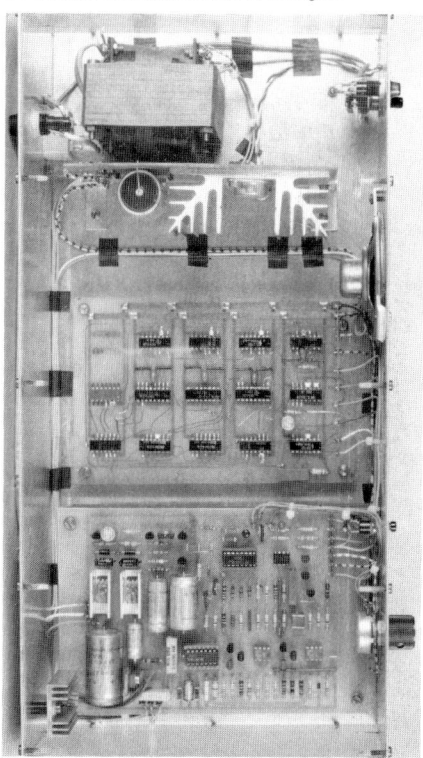

gesetzt und dieser Typ in zahlreichen Variationen mit oder ohne Automaten angeboten.

Bei den Schlagwerken handelt es sich in der Regel um Rechenschlagwerke, die die Schloßscheibenschlagwerke ablösten. Im 19. Jahrhundert wurden im Schwarzwald die aufwendig zu fertigenden Rechenschlagwerke nur in teurere Regulatoren eingebaut. Noch in den 1950er Jahren verwendete man beide Formen nebeneinander. Aufgrund moderner Produktionsmethoden konnten Rechenschlagwerke dann kostengünstiger hergestellt werden, so daß ihre einfachere Handhabung den Kuckucksuhren zugute kam. Auch die Verwendung einzelner Kunststoffteile, die in wenigen automatisierten Arbeitsgängen gefertigt werden, und die leichte Bauweise haben zur Verbilligung von Uhrwerken und Rechenschlagwerken gerade bei der Kuckucksuhr beigetragen. Mittlerweile gibt es standardisierte Werke weniger Firmen, die in alle gängigen Kuckucksuhrengehäuse eingebaut werden. Auch äußerlich anspruchsvolle Gehäuse enthalten heute meist ein Standarduhrwerk, im Gegensatz zu den Kuckucksuhren des 19. Jahrhunderts, bei denen ein Zusammenhang zwischen dem Wert des Gehäuses und der Qualität des Uhrwerks noch eher erkennbar ist.

Aus wenigen Werkgrundformen können unterschiedliche Laufzeiten und verschiedene Zusatzmechanismen hergeleitet werden, so die halbautomatische und automatische Nachtabschaltung der Schlagwerke, die sich die Herstellerfirmen auch patentieren ließen.

Das heute akzeptierte Motivfeld um den Kuckuck, Schwarzwald und seine motivischen Zutaten, findet man zunehmend auch bei Uhren, die für den Tourismus mit allerlei netten Wippen, Schaukeln und Automaten ausgestattet sind, ohne jedoch einen Kuckuck aufzuweisen. Auch die Wetterhäuschen fallen in diesen Bereich, der ein für Kuckucksuhren typisches Design verwendet, das weitgehend akzeptiert ist.

Schließlich noch ein Wort zu den „Größten Kuckucksuhren der Welt". Dabei handelt es sich um Häuser, die als Kuckucksuhr angelegt sind. Wer vom Kinzigtal kommend, über Triberg und Schonach nach Furtwangen fährt, kann diese werbewirksamen Anlagen nicht übersehen. Manchmal haben sie sogar ein Werk, mitunter aus Holz, das besichtigt werden kann. So ergreift der Besucher des Schwarzwaldes nicht nur von der Landschaft, sondern, durch das Herumsteigen in einem hölzernen Uhrwerk, auch von einem ihrer typischsten Erzeugnisse Besitz.

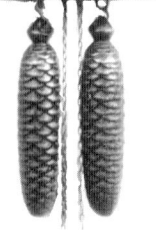

Moderne Kuckucksuhr in „Baumstammform".
Eichengehäuse mit Waldvögeln und Kuckuck.
Hubert Herr, Triberg. 1986. Höhe 76 cm.
Deutsches Uhrenmuseum, Furtwangen.

Moderne Kuckucksuhr mit plastischem Schnitzwerk nach einem älteren Muster. Figurenspiel mit Kuckuck im Giebelfeld. Musikspielwerk. A. Schneider Söhne, Schonach, 1984. Höhe 60 cm. Deutsches Uhrenmuseum, Furtwangen.

Kuckucksuhrwerk mit Figurenautomat: Tanzende Paare. Durchbrochene Metallplatinen. Hubert Herr, Triberg. 1984. Höhe 19 cm.
Deutsches Uhrenmuseum, Furtwangen.

Seitenansicht desselben Werkes.

Modernes Kuckucksuhrwerk mit gestanzten und durchbrochenen Platinen. Metall- und Kunststoffteile. Hubert Herr, Triberg. 1986. Höhe 9 cm.
Deutsches Uhrenmuseum, Furtwangen.

Titelseite des Kataloges der Firma
Philipp Haas Söhne, St. Georgen
1880.
In der Mitte der Kuckuck.
Stadtarchiv Villingen.

84

Ein Vogel findet seine Heimstatt

Der Kuckuck in Volkskunde und Sprache

Verwandte des Vogels, der unserer Kuckucksuhr den Namen gab, sind nahezu auf der ganzen Erde verbreitet, der heimische Kuckuck (cuculus canorus) lebt in Europa, Mittelasien und Teilen Afrikas, in unseren Breiten als Zugvogel. „Sein Gefieder ist unauffällig grau gefärbt, auf der Unterseite aber mit hellen und dunklen Querbändern gekennzeichnet – ähnlich wie beim Sperber. Die Weibchen sind oft braunrot", heißt es im Neuen Brehm. Kuckucke sind unruhige, scheue und ungesellige Vögel. In unserem Land erscheint der Kuckuck meist in der zweiten Aprilhälfte und läßt bald in alle Richtungen seinen Lockruf erschallen, oft zwanzig-, dreißigmal hintereinander.

Doch nicht nur sein auffälliges Rufen, sondern auch spezifische Verhaltensweisen haben dazu geführt, daß dieser Vogel von den Menschen besonders aufmerksam beobachtet wurde. Vogelkundler stimmen überein, daß die Kuckucke zu den am genauesten erforschten Vögeln zählen. Nicht alle 128 Kuckucksarten, aber immerhin 50 von ihnen, zu denen auch der heimische Kuckuck gehört, sind geradezu klassische Beispiele für Brutschmarotzertum, d. h. sie richten nie eine Liegestatt für ihre Eier ein, brüten nie selbst und füttern nie ihre Jungen. Das Kuckucksweibchen legt jeweils ein Ei, das in Form und Farbe vielen Vogeleiern ähnelt, in ein fremdes Nest und wirft dafür ein darinliegendes hinaus. Das Geschäft des Brütens übernehmen die unfreiwilligen Wirtsvögel, denen auf diese Weise der Nachwuchs untergeschoben wurde.

Besonders müssen die Sperlingsvögel unter den Kuckucken leiden, doch auch andere, nämlich 90 von den 130 in Deutschland bekannten Singvogelarten, sind als „befallen" nachgewiesen. Kaum ist der junge Kuckuck geschlüpft, beginnt er, noch nackt und blind, instinktiv das Nest zu leeren, also Eier und Jungvögel hinauszuschubsen. Er benötigt für sein rasches Wachstum – in drei Wochen nimmt er auf das Vierzigfache seines Geburtsgewichts zu – allein die gesamte Leistungskraft eines Vogelpaares. Sein übergroßer, innen intensiv roter „Sperr-Rachen" wirkt offenbar als besonders wirksamer Auslöser und Verstärker des Fütterungstriebs. Selbst bereits flügge Jungkuckucke, die ruhig auf einem Ast sitzen und ihren Schnabel weit aufsperren, werden bisweilen von fremden Vögeln mit Nahrung versorgt.

Es ist also schon ein eigenartiger Vogel, unser Kuckuck, und deswegen hat ihm der Volksglaube auch viele skurrile Eigenschaften und geheimnisvolle Kräfte, selbst prophetische Gaben, zugeschrieben. „Eine reichliche und in ihrer Auswirkung fast unübersehbare Anzahl abergläubischer und irrtümlicher Vorstellungen ist mit ihm verbunden, es finden diese ihren Ausdruck in den verschiedensten Formen volksmäßiger Überlieferung, wie Sitte, Brauch, Lied und Sage ...", heißt es im Handwörterbuch des Deutschen

Katalogauszug der Firma J. B. Beha Söhne,
Eisenbach 1888. Die Seiten dokumentieren
die Vielfalt von Kuckucksuhrengehäusen zum
Ende des 19. Jahrhunderts.
Stadtarchiv Villingen.

Aberglaubens, dessen Artikel über den Kuckuck 31 Seiten umfaßt.

In vielen indogermanischen Sprachen führt der Kuckuck einen Namen, der lautmalend seinen Ruf nachvollzieht. Im Deutschen hat das Wort Kuckuck den früher üblichen Ausdruck Gauch (mittelhochdeutsch gouch) vollständig verdrängt. Auf der einen Seite gilt der Kuckuck als Frühlingsbote und Glücksbringer, der Liebe, Reichtum und langes Leben verheißt, auf der anderen Seite kündet er aber auch von Tod und Hungersnot und steht mit dem Teufel in Verbindung. Insgesamt überwiegen jedoch die positiven Wirkungen, auch wenn der Vogel selbst als dumm, feige und grausam verschrien ist.

Um seine Stimmkraft entfalten zu können, braucht der Kuckuck angeblich erst besondere Nahrung, etwa Sauerklee oder Vogeleier – und wenn er nicht zum Rufen kommt, muß er platzen. Auch das überraschende Verstummen des Kuckucks hat die Phantasie angeregt, so sollen Kirschen, besonders schwarze, bei ihm zur Heiserkeit führen. Da der Kuckuck als recht verliebter Vogel gilt, taucht sein Name auch in vielen Hochzeitsliedern auf, die meist mit dem Wunsch nach reichem Kindersegen enden. Das mit sittlichen Argumenten be- und verurteilte Verhalten des jungen Kuckucks im fremden Nest wird im Volksglauben noch weiter gesteigert durch die Annahme, er fresse später auch seine Ziehmutter auf, was in folgendem Sprichwort zum Ausdruck kommt: „Du lohnest mir, wie der Kuckuck der Grasmücke."

Ein Überwintern in Höhlen wird dem Kuckuck ebenso zugetraut wie die Unsterblichkeit, es ist also jahraus jahrein immer derselbe Vogel, der im Walde ruft. Weil der Kuckuck so oft seinen Namen nennt, liegt es nahe, ihn für besonders eitel zu halten, so

eitel, daß er selbst mit der Nachtigall im Gesang konkurrieren wollte – und den Esel wegen seiner großen Ohren zum Schiedsrichter bestellt hat. Auch als Strafe für Fehlverhalten oder Missetaten wurde der Kuckucksruf interpretiert, wie bei dem faulen Schüler, den seine Mutter verwünschte und der dann lebenslang nur noch Kuckuck sagen konnte. Der Kuckuck galt als der dümmste aller Vögel, weil er nicht in der Lage ist, ein eigenes Nest zu bauen, alle Hilfsangebote habe er höhnisch und überheblich zurückgewiesen.

In manchen Gegenden war es üblich, bestimmte Apriltage zu „Kuckuckstagen" zu erklären. Besondere Bedeutung wird den ersten Rufen des Jahres beigemessen, ein rechtzeitig aufgehobener Stein wird dann zum „Glücksstein", ein Stück Brot in der Tasche sichert das ganze Jahr über die Nahrung, sogar der Inhalt einer Geldbörse kann sich verdoppeln, wie überhaupt dem Kuckuck und seinem Ruf nachhaltiger Einfluß auf Geld und Reichtum zugeschrieben wurde. Der Wiedehopf, der früher als der Kuckuck aus dem Süden zurückkehrt, ihn also gewissermaßen anmeldet, hieß im Volksmund „des Kuckucks Küster".

Auch als Lebensorakel wurden die Zahl der Kuckucksrufe bewertet, wobei man sich wohl darauf verlassen hat, daß der Vogel meist recht oft hintereinander schreit! Viel erzählt wurde die Geschichte, wonach sich eine todkranke alte Frau schlichtweg geweigert habe zu sterben, weil der Kuckuck ihr noch fünf Lebensjahre angekündigt hätte. Mädchen, die ihren Heiratstermin wissen wollten, durften bei vielen Wiederholungen statt der Jahre auch Monate zählen.

*„Lieber Kuckuck, sag' mir doch,
wieviel Jahre leb' ich noch?
Gibst du mir die Antwort nicht,
bist du der rechte Kuckuck nicht."*

Wer zufällig unter einem Baum
stand, auf dem der Kuckuck rief,
hatte drei Wünsche frei. Doch auch
Unheil kann der Kuckuck künden,
besonders wenn der sonst so
scheue Vogel in die Nähe mensch-
licher Siedlungen kommt und gar
vom Hausdach ruft. Das kann den
Tod eines Angehörigen bedeuten
oder auch Hungersnot – und sollte
er im Hausgarten schreien, hat die
Tochter ein uneheliches Kind zu
erwarten.
Der Kuckuck gehört zu den Vögeln,
aus deren Verhalten man Schlüsse
auf Witterung und Wachstum gezo-
gen hat. Rufen im Frühjahr viele
Kuckucke, droht ein nasses Jahr.
Um die Zeit der Sommersonnen-
wende sollte der Kuckuck ver-
stummt sein, ist er's nicht, gibt es
eine Mißernte.

*„Der Kuckuck kündigt teure Zeit,
wenn er nach Johanni schreit."*

Kinder, die den Kuckuck necken
und nachäffen, kriegen Sommer-
sprossen, ihnen „hat der Kuckuck
ins Gesicht gelacht", und wer ver-
fängliche Fragen an den Vogel
stellte, konnte es mit dem Teufel zu
tun bekommen. Die Federn des
Kuckucks eignen sich als Liebes-
zauber und pulverisierte Kuckucks-
asche, in warmem Wein aufgelöst,
galt als treffliches Mittel gegen Zip-
perlein (Fußgicht).
In der Umgangssprache muß der
Name des Vogels für Wertloses und
abschätzig Gemeintes herhalten,
„guggern" heißt in der Schweiz das
Sauerwerden der Milch; in einer
hohlen Semmel ist der Kuckuck
drin, sagten die Münchner; im Elsäs-
sischen bedeutet „vergöuche" soviel

Anzeige einer Uhrenfabrik.
Aus: Süddeutsche Uhr-
macherzeitung, 1904.

88

Josef Schmidt

Villingen (Baden).

Fabrik von

Kuckuck- und Kuckuck- & Wachtel-Uhren

in Gewicht- und Federzug.

Export nach allen Erdtheilen.

Verkauf nur an Grossisten.

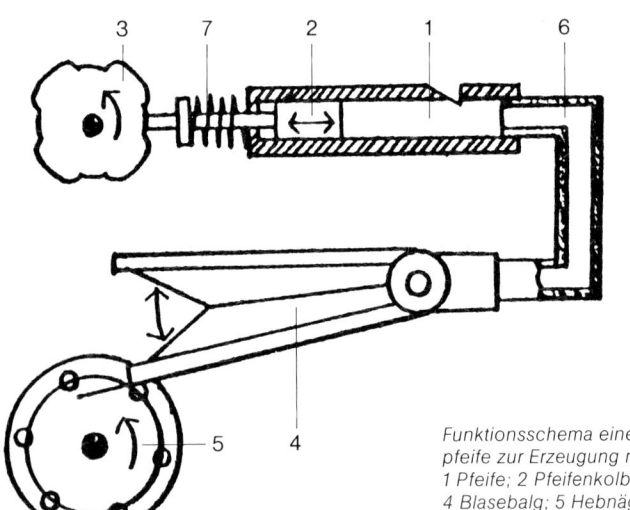

Funktionsschema einer einzelnen Kuckuckspfeife zur Erzeugung mehrerer Töne.
1 Pfeife; 2 Pfeifenkolben; 3 Steuerrad;
4 Blasebalg; 5 Hebnägelrad; 6 Verbindungsrohr; 7 Druckfeder.

Werkansicht einer Schwarzwälder Lackschilduhr mit hölzernem Werk und früher Kuckuckspfeife, die aus einem Stück geschnitten ist. Lackschild s. S. 100.
Schwarzwald-Museum, Triberg.

wie verfaulen. Kuckuck hieß in manchen Gegenden ein Vorgesetzter, der nichts von der Arbeit verstanden hat, und natürlich wurde das Wort auch verwendet für ein von der Ehefrau unterschobenes Kind eines fremden Vaters.

Wenn der stolze Adler verächtlich gemacht werden soll, wird der Kuckuck als Stellvertreter gewählt. Die Bezeichnung Kuckuck für die Pfandsiegelmarke des Gerichtsvollziehers, auf der früher der Reichsadler prangte, ist in unserer Umgangssprache noch geläufig. Respektlose Leute nannten früher den roten preußischen Adlerorden einen „gelben Kuckuck", und die preußischen Groschen bezeichnete man in Bayern als Guckezergroschen. „Da haben die Russen den Adler verjagt, und haben aus ihm einen Kuckuck gemacht", hieß es über Napoleon nach seiner Niederlage 1812. Sollte an dieser Stelle ein Leser denken, „zum Kuckuck" mit diesem Text, ich möchte Informationen über Uhren und nicht Nachhilfe in Sprach- und Volkskunde, dann hat er eigentlich den Teufel bemüht, denn das Wort Kuckuck wird seit

dem 16. Jahrhundert für dessen Namen verwendet. Abergläubische Vorstellungen verlangen nach einem Hehlwort, einer Umschreibung, denn bei direkter namentlicher Anrede stellt sich der Böse tatsächlich ein! Doch zum Schluß noch ein Blick auf die lichten, hoffnungsfrohen Seiten des Kuckucks. Viele Frühlingslieder waren mit seinem Namen verbunden, aber besonders beliebt wurde im deutschen Sprachraum ein 1835 entstandenes Gedicht von Hoffmann von Fallersleben, das nach einer seit 1817 bekannten Melodie aus Österreich gesungen wird: „Kuckuck, Kuckuck, ruft's aus dem Wald ..." Hier die recht wenig bekannte 3. Strophe: „Kuckuck, Kuckuck, trefflicher Held! Was du gesungen, ist dir gelungen, Winter, Winter, räumet das Feld."

Die Kuckucksuhr in der Literatur

In einer Versidylle von Johann Heinrich Voß aus dem Jahre 1781 findet eine Kuckucksuhr mit Glasglocke schon früh Eingang in die deutsche Literatur. Das Poem – „Der siebzigste Geburtstag" – schildert das Leben und die häusliche Umgebung eines verdienten Schulmeisters. Um den Mittagsschlaf ihres Mannes nicht zu stören

„stand das Mütterchen auf vom binsengeflochtenen Spinnstuhl, langsam, trippelte dann auf knirrendem Sande zur Wanduhr leis und knüpfte die Schnur des Schlaggewichts an den Nagel, daß ihm den Schlaf nicht störte das klingende Glas und der Kuckuck."

Aus ganz anderer Sicht begegnet uns die Kuckucksuhr in zwei weiteren frühen Fundstellen. In seinem Roman „Die Insel" aus dem Jahre 1788 vergleicht Friedrich Leopold Graf zu Stolberg die gute Staatsverfassung mit einer vorzüglichen Uhr, die selten aufgezogen, noch seltener berichtigt werden muß. Dann fährt er fort: „Die meisten Verfassungen gleichen elenden Kuckucksuhren, welche zweimal des Tages aufgezogen, und öfter nicht nach dem Lauf der Sonne, sondern nach der Laune des Wächters gestellt werden, oder des Kochs."

Achim von Arnim beschreibt in seiner Erzählung „Die Majorats-Herren" (1819) einen peniblen älteren Herren, „der gleich dem eisernen Ritter an der Rathausuhr durch sein Heraustreten, noch ehe die Glocke angeschlagen, den Knaben zur Erinnerung an die Schulstunde diente, den älteren Bürgern aber als wandernde Probeuhr, um ihre hölzernen Kuckucksuhren darnach zu stellen." Bei beiden Beispielen fällt auf, daß

Geschnitzte Bahnhäusleuhr mit Trompeterautomat an Stelle des Kuckucks. Wahrscheinlich Wehrle, Furtwangen. 1895. Höhe 59 cm. Privatsammlung.

offenbar damals schon die Kukkucksuhr nicht als besonderer Automat, sondern eher als Gattungsbegriff für die billige Gebrauchsuhr
herangezogen wurde, die natürlich
einem Vergleich mit den sehr aufwendigen Präzisionszeitmessern
ihrer Zeit nicht standhalten konnte.
Freude an der Kuckucksuhr und
ihrem Klang spricht aus einem
Gedicht von William Wordsworth
vom Jahre 1845. Hier wird dem
Lackschild-Kuckuck die gebotene
Referenz zuteil. Wordsworth emp-
fiehlt einem Schlaflosen, nicht gleich
gierig nach der Repetieruhr zu grei-
fen, wenn der Morgen noch fern
scheint, sondern in Ruhe den
Schlag der Kuckucksuhr abzuwar-
ten. Bestimmt würde er dann ruhig
wieder einschlafen – oder munter
wie ein Vöglein sein!

„Better provide thee with a Cuckoo-
clock
for service hung behind thy cham-
ber door;
and in due time the soft sponta-
neous shock,
and double notes, as if with living
power,
will to composure lead – or make
thee blithe
as bird in bower."

Wer danach sucht, wird auch in der
Romanliteratur des viktorianischen
Zeitalters fündig, so beschreibt
Charles Dickens in „The Cricket on
the Hearth" (1845) eine Uhr mit
Kuckuck, der aus einem Mohrenpa-
last springt. Im Jahre 1898 erschien
sogar ein illustriertes Kinderbuch
von Molesworth mit dem Titel „The
Cuckoo Clock". Viele Hinweise enthalten Erzählungen und Berichte
aus dem Schwarzwald, wobei sich
die Grenze zwischen dichterischer
Freiheit und historischer Wahrheit
allerdings auch bei solchen Publika-
tionen oft verwischt, die vorwiegend

informieren wollen. Als Ausnahme
kann Berthold Auerbachs Roman
„Edelweiß" (1861) gelten, der trotz
des fremdartig klingenden Titels um
1850 in der Furtwanger Uhrmacherregion spielt. Auch wenn Auerbach
den Entwurf des Bahnhäusles seinem Schildmaler Pilgrim und nicht
dem Karlsruher Professor Friedrich
Eisenlohr zuschreibt, das Konzept
bleibt in sich stimmig.
Eine Hymne auf den Bahnhäusle-
Kuckuck ist in dem um 1890 ent-
standenen Gedichtzyklus „Deutsche
Berge" von Theodor Vulpinus (Theodor Renaud) enthalten, wegen des
Gewerbefleißes seiner Bewohner
nennt er den Schwarzwald „das
gescheidtste Gebirg, welches die
Sonne bescheint":

„Tausenden künd' ich die Zeit;
mein Kuckuck nistet im Blockhaus
amerikanischen Stils,
nistet in Algier und Fez,
wandert im heimischen Käfig gen
Osten
und meldet dem Moslem,
meldet dem Russen den Lauf,
welchen der Zeiger vollbracht."

In dem Film „Der dritte Mann" wird in
einem Gespräch die Erfindung der
Kuckucksuhr den Schweizern zugeschrieben, das wiederholt sich in
abgewandelter Form nochmals bei
Asterix und Obelix. Als die beiden
gallischen Helden bei ihrer Suche
nach der Blume „Edelweiß" in dieses
Land kommen, treffen sie überall
Gastwirte an, die Sanduhren umdre-
hen und dazu Kuckuck-Kuckuck
rufen. Auch dieser vergnügliche Um-
gang mit der Historie – die Antike
kannte noch keine Sanduhr und die
Schweiz hat mit der Kuckucksuhr
allenfalls als Importland etwas zu
tun – beweist letztlich, wie populär
die Schwarzwälder Kuckucksuhr
werden konnte. Ihrem kulturhistori-
schen Erscheinungsbild wurde ein
neuer Farbtupfer hinzugefügt.

Bahnhäusleuhr mit dunkelgebeiztem Gehäuse
und stabförmig eingeschnittener Dekoration.
Der weiße Kuckuck aus Wachs ist vorgesetzt,
der Giebel mit einer Leier bekrönt. 1870.
Höhe 48 cm.
Schwarzwald-Museum, Triberg.

Romantik und Kommerz

Pater Steyrer hat uns eine zum Nachdenken anregende Geschichte überliefert, die beschreibt, wie die Kuckucksuhr im ausgehenden 18. Jahrhundert auf einfache Gemüter gewirkt haben mag. Ein Schwarzwälder Uhrenhändler löste in einer amerikanischen Wirtsstube plötzlich den Kuckucksruf aus. Zwei zufällig anwesende Gäste, Vater und Sohn, waren nicht nur überrascht, sondern geradezu verschreckt, „wichen zurück, hielten es für eine Zauberei, und getrauten sich so lange nicht mehr hinzu zu nahen, bis man ihnen den Irrwahn handgreiflich benahm." In dem Buch von J. Barrows, Travel in Chine (London 1801), wird eine in ähnliche Richtung weisende Episode geschildert. Ein Angestellter der Ostindischen Handelscompagnie war auf die Idee gekommen, eine Partie Kuckucksuhren nach China mitzunehmen und dort abzusetzen, was ihm überraschend schnell gelungen ist. Als er jedoch später mit einer zweiten Sendung wiederkam, waren seine Kunden enttäuscht und erbost, denn ihre Uhren funktionierten nicht mehr. Doch der findige Händler war um den rettenden Einfall nicht verlegen. Er überzeugte sie davon, daß der sonderbare Vogel namens Kuckuck nur zu bestimmten Jahreszeiten sänge, und verkaufte die zweite Sendung auch noch.
Diese wahren oder zumindest gut erfundenen Geschichten erlauben Rückschlüsse auf das Produktimage der frühen Kuckucksuhren. Während anfangs der muntere „Sprach-Ausgabe-Automat" – das Wort fiel auf einer Tagung von Computerfachleuten – Staunen, Verblüffung, auch Bestürzung hervorgerufen hat, wobei sich die Grenzen zwischen Automatenillusion und Wirklichkeit manchmal verwischt haben, wirkten

Moderner Entwurf für ein Kuckucksuhrengehäuse, vorgestellt in der Deutschen Uhrmacherzeitung 1933.

in späteren Jahrzehnten der Kuk- kuck und sein Ruf eher vertraut und heimelig, ohne jedoch an Lebendig- keit einzubüßen. Die Kuckucksuhr hatte sich zum gewohnten, ja geliebten Teil der Wohnung entwik- kelt. Schwarzwälder Uhrenhändler haben sich sicher rechtzeitig in ihren Verkaufsgesprächen auf diese Veränderung im Charakter ihres Pro- duktes eingestellt, denn der Absatz von Gütern des nicht lebensnotwen- digen Bedarfs in „Armutsgesell- schaften" forderte in hohem Maße Einfallsreichtum und psychologi- sches Geschick.

Im Schwarzwald hat sich offenbar die Produktion von Kuckucksuhren bei einer Reihe von Uhrmachern rasch durchgesetzt, zumal die Preise anfangs recht hoch lagen, allerdings bereits im ausgehenden 18. Jahrhundert wieder sanken. Ähnlich wie bei den Figurenuhren und den Spieluhren blieb es jedoch bei einer relativ kleinen Gruppe besonders fähiger Meister, die der- artige Spezialartikel hergestellt haben. „Gemeingut" aller Schwarz- wälder Uhrmacher, wie Kistner meinte, wurde die Produktionstech- nik der Kuckucksuhr nie. Meitzen (1845) berichtet von einer Ver- sammlung Schwarzwälder Uhrma- cher und Händler, die sich auf fol- gende Mengenrelationen der Ge- samtproduktion einigen konnten:

50 % 24-stündige Uhren
15 % 12-stündige Uhren
15 % 8-Tage-Uhren
10 % Schottenuhren
* 5 % Kleinuhren (Jockeleuhren)*
* 5 % „Sonstige künstliche Sorten"*

In die letzte Gruppe wurden neben Figurenuhren und Musikuhren auch die Kuckucksuhren eingeordnet. Wenn man eine riskante Schätzung wagt, dann war vor 1850 etwa jede hundertste Schwarzwalduhr mit dem Kuckucksruf ausgestattet. Als Konzept blieb jedoch der Kuckucks- mechanismus stets virulent, fast jede neu aufkommende Uhrenform wurde damit ausgestattet, selbst bei den kleinen Jockeleuhren hat man Versuche unternommen. Wie das Angebot auf den Antiquitätenmärkten beweist, gab es jedoch im Schwarzwald neben den zahllosen Bahnhäusle-Kuckucks nur noch zwei Varianten, deren Produktion beachtliche Stückzahlen erreichen konnte, den Lackschild-Kuckuck und als dritte Form, die von 1840 bis 1900 gefertigt wurde, die Kuckucksuhr im vorwiegend schlichten Holzgehäuse, den „Kasten-Kukkuck", im Handel häufig auch „Biedermeier-Kuckuck" genannt. Die weitaus meisten Kuckucksuhren sind mit Gewichtsantrieb ausgestattet, Federzug-Uhren kamen erst nach 1840 auf und waren im 19. Jahrhundert recht teuer. Junghans brachte 1902 mit großem Werbeaufwand zwei federgetriebene Kuckucksuhren auf den Markt, eine davon war mit Jugendstilschild ausgestattet.

Die Abwendung besonders der zahlungskräftigeren Stadtkunden von den Lackschilduhren um 1840 hat sicher auch den Verkauf des Lackschild-Kuckucks wesentlich beeinträchtigt. Im Schwarzwälder Adreßkalender von 1845, der allerdings nicht Triberg (Stadt), Schönwald und St. Georgen umfaßt, sind folgende Kuckucksuhrmacher ausgewiesen:

Friedrich Eisenlohr (1805 – 1858), Professor in Karlsruhe, gestaltete die Bahnhäusleform nach seinen Entwürfen für die Bahnwärterhäuschen der Badischen Staatsbahnen. Gedenkbüste im Innenhof der Universität Karlsruhe.

Beha, Vinzenz (Ober-Brend)
Kleine Kuckucksuhren
Ganter, Georg (Ober-Brend)
24-Stunden-Uhren
Kuckucksuhren
Grieshaber, Friedolin (Furtwangen)
24-Stunden-Uhren
8-Tage-Uhren
Kuckucksuhren
Haberer, Joh. Nep. (Neustadt)
Alle Sorten Figurenuhren
Kuckucksuhren
Surr-Uhren, Repetieruhren
Nachtwächteruhren

Kammerer, Gabriel (Furtwangen)
12- und 24-Stunden-Uhren
Figurenuhren
Kuckucksuhren
Langenbacher, Matth. (Schönenbach)
12- und 24-Stunden-Uhren
Triebuhren
Kuckucksuhren
Morath, Joh. (Oberlenzkirch)
12- und 24-Stunden-Uhren
Vierteluhren
Kuckucksuhren
Weißenberger, Xaver (Neustadt)
Alle Sorten kleine Schwarzwalduhren
Kleine Stockuhren
8-Tage-Uhren
Kuckucksuhren

Frühe Form des Bahnhäusletyps mit reicher Laubsägedekoration. 1860. Vgl. die Entwürfe Friedrich Eisenlohrs, S. 46. Höhe 22 cm. Deutsches Uhrenmuseum, Furtwangen.

1	Gestellplatine	21	Feder für Falle
2	Sicherungshebel	22	Vogelstock
3	Sicherungsscheibe	23	Vogelstockfeder
		24	Wechselrad
4	Auslöser	25	Zeigerrad
5	Schöpfer	26	Unterlagscheibe für Wechselrad
6	Minutenradwelle	27	Rechen
7	Bodenrad, Gehwerk	28	Schlagnagelscheibe
8	Mittelrad	29	Zylinderschraube
9	Steigrad	30	Pfeifenwelle 1
10	Bodenrad, Schlagwerk	31	Pfeifenwelle 2
11	Schöpferrad	32	Hammerwelle
12	Einlösehebel	33	Hammer
13	Flügelrad	34	Zeigerbuchse
14	Flügel	35	Zeigerbuchse
15	Hinterplatine	36	Zeigermutter
16	Sechskant-Mutter	37	Unterlagscheibe
17	Anker	38	Kette 1800 lang
18	Warnungshebel	39	Kettenring
19	Sicherungsscheibe	40	Kettenhaken
20	Fallenhebel		

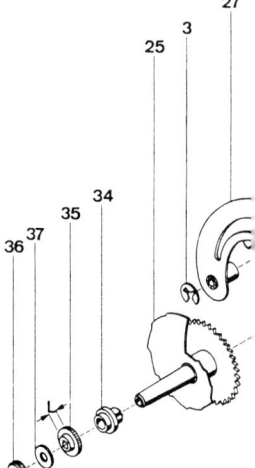

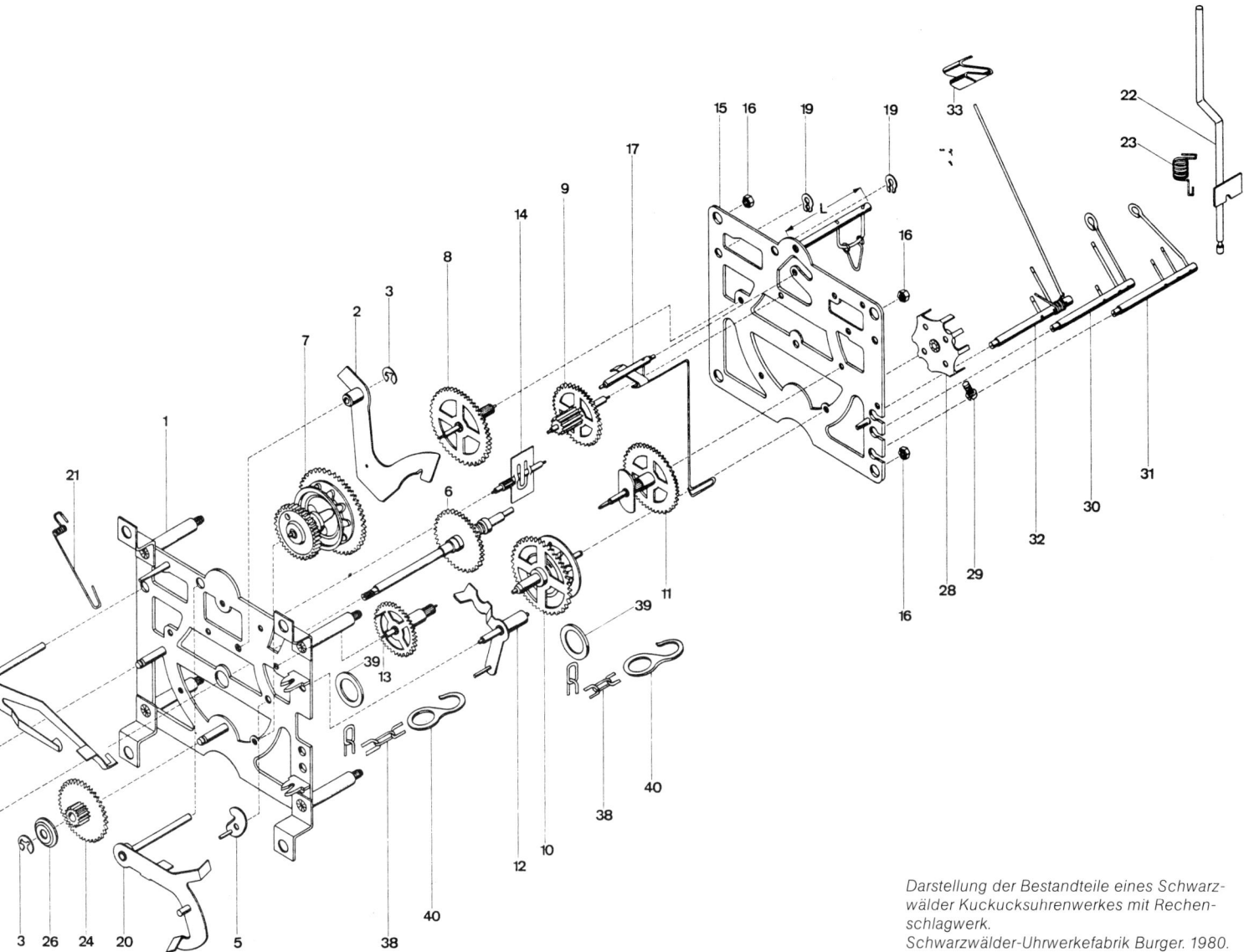

Darstellung der Bestandteile eines Schwarz-wälder Kuckucksuhrenwerkes mit Rechen-schlagwerk.
Schwarzwälder-Uhrwerkefabrik Burger. 1980.

97

Seltene Kuckucksuhr mit Holzräderwerk und geometrischem Formschild. Flechtband-ornamente. Der vor dem Zifferblatt ange-ordnete Kuckuck bewegt sich auf und ab. 1770. Höhe 42 cm. Schwarzwald-Museum, Triberg.

Entwurf für das Kuckucksuhrenschild einer Rahmen- oder Bahnhäusleuhr. Öl auf Blech. Detaillierte Darstellung mit Gebirgslandschaft und Wanderern. Um 1880. Höhe 27 cm. Heimatmuseum/Uhrenmuseum Schwenningen.

Entwurf für das Kuckuckschild einer Rahmen- oder Bahnhäusleuhr. Fuchs auf Fische lauernd. Feingemalte Darstellung in Öl auf Blech. Um 1880. Höhe 27 cm. Deutsches Uhrenmuseum, Furtwangen.

Es fällt auf, daß lediglich ein Uhrmacher ausschließlich Kuckucksuhren im Fertigungsprogramm hatte, Vinzenz Beha. Er war im Schwarzwald bekannt, doch regionale Berühmtheit konnte sein Sohn Johann Baptist Beha (1815 – 1898) erringen. Zahlreiche Preise auf nationalen wie internationalen Ausstellungen zwischen 1858 und 1893 unterstrichen seine Stellung als herausragender Kuckucksuhrenbauer, der auch bei der Konstruktion von Uhrwerken neue Wege einschlug. Wilhelm Schneider hat Geschäftsbücher und sonstige Dokumente ausgewertet, so daß die Übergangszeit vom Lackschild-Kuckuck zur Bahnhäusleform am Beispiel von Johann Baptist Behas Fertigung deutlich strukturiert werden kann:

Um 1840
ausschließlich Lackschild-Kuckucks
1842
Kasten-Kuckuck als neue Form,
Wiener Einflüsse beim Gehäuse
1844/50
Federzug-Kuckuck mit 50 Stunden
Laufdauer, danach entwickelt Beha
das federgetriebene 8-Tage-Kuk-
kuckswerk mit Schnecke und Darm-
saite nach englischem Vorbild
1854
Die ersten „Bahnhöfle-Uhren", Vor-
derseite kolorierte Lithographie
1862
Beha liefert Bahnhäusle-Uhren mit
voll geschnitzter Vorderfront.

Im Bericht über die Schwarzwälder Industrieausstellung 1858 in Villingen erwähnten die Verfasser Kuckucksuhren nur bei 8 der insgesamt 120 Aussteller, teils in herkömmlicher Bauart mit Gewichtsantrieb, als Neuerung aber auch mit Federantrieb in der Preislage zwischen 15 und 30 fl. (Gulden). Nur bei Joseph Schwehr aus Gütenbach wurde die „Kuckucksuhr im Bahnwartshäus-

Lackschilduhr mit Abziehbildern. Im Bogenfeld drei Medaillons mit Gottvater, Madonna und Kind und Christus mit Kelch. Schild um 1870. Werk s. S. 90. Höhe 37 cm. Schwarzwald-Museum, Triberg.

Schwarzwälder Haus als Kuckucksuhr.
Erbaut 1979/81.
Familie Josef Dold, Schonach.

chen-Kasten" ausdrücklich genannt; wie deren Vorderfront gestaltet war, geht leider aus dem Text nicht hervor.

Vor dem allgemeinen Durchbruch des Bahnhäusle-Kuckucks nach 1860 wurden die Kuckucksuhren eng verbunden gesehen mit anderen Schwarzwälder Figurenuhren; Steyrer sprach in diesem Zusammenhang von „Kunstuhren", in einem anonymen Preisverzeichnis um 1840 erschien die Kuckucksuhr unter „Wälder Kunst Uhren", der Preiscourant des Schwenninger Uhrenhändlers Christian Benzing Rapp („Schreinersohn") ordnete sie um 1850 den „mechanisch beweglichen Figuren- und Bilderuhren" zu. In einer späteren Entwicklungsphase hat dann der Bahnhäusle-Kuckuck andere Figurenuhren nachhaltig vom Markt verdrängt – oder das kaufende Publikum hat sich von ihnen abgewandt.

Ein Beamter der badischen Gewerbeverwaltung berichtet 1874: „Von den mannigfachen sog. Figurenuhren, an denen sich entweder vom Pendel oder vom Schlagwerk abhängig, irgendeine Figur bewegt, werden jetzt beinahe keine mehr gefertigt, nur die Kuckucksuhr und die Trompeteruhr erfreuen sich heute eines immer größeren Absatzes." Im Angebot der Uhrenfabrik Ph. Haas Söhne in St. Georgen befanden sich um 1890 etwa 50 äußerlich verschiedene Kuckucksuhren, aber nur 9 Figurenuhren, 4 mit Gewichtsantrieb (Schildwache, Schuster, Schlachter, Bergmann), 5 mit Federantrieb, darunter zwei

klassische Formen, der Kapuziner und die Schildwache, letztere lieferbar auch mit Kuckuck, und drei modernere Modelle, die Klavierspielerin, der Kartoffelesser und die Spinnerin.

Wie ein Blick auf die Uhrenpreise zeigt, war die Kuckucksuhr, in der hausgewerblichen Periode wie im Fabrikzeitalter, eine eher teurere Schwarzwälder Uhr (Händlerpreise):

Poppe 1838
Kuckucksuhr, Messingräder
    4 fl. (Gulden) 40 kr. (Kreuzer)
Holzgespindelte 24-Stunden-Uhr mit
Schlag   2 fl.
Schott 1872
Gewichts-Kuckucksuhr, Schild
geschnitzt   7 fl.
Schottenuhr mit Lackschild und
Schlag   2 fl.
Haas Söhne 1890
Schottenkuckuck, Lackschild
          5,50 Mark
dto. mit Eichlaub und Eichhorn
          10,00 Mark
Schottenschlaguhr mit
Lackschild   2,55 Mark.

In der ersten Hälfte des 19. Jahrhunderts hat der Kuckucksuhrenmacher „ganze Uhren" selbst gefertigt, auch die Flöten wurden in der eigenen Werkstatt gebaut, nur die Kuckucke haben schon früh Nebengewerbler zugeliefert. Man wollte sich, wie es im Uhrengewerbsblatt des Schwarzwaldes 1847 hieß, nicht so weit „herablassen", statt vollständiger Uhren nur noch Uhrenteile zu fertigen oder Montagearbeit zu leisten. Der allmähliche Niedergang des

Hausgewerbes in der 2. Hälfte des 19. Jahrhunderts traf jedoch auch die Kuckucksuhrenbauer.

Nach 1870 wurde dieser Uhrentyp von Fabriken gefertigt (z. B. Fürderer & Jägler in Neustadt, ebenso auch Ph. Haas Söhne in St. Georgen); von Kleinunternehmern, die über den Rahmen des Hausgewerbes hinausgewachsen waren (z. B. Johann Baptist Beha in Eisenbach, Fidel Hepting in Gütenbach, beide haben qualitativ anspruchsvolle Uhren gefertigt); schließlich noch von einzelnen Meistern, die jedoch ihre Werke meist vorgefertigt bezogen haben. Schott berichtet 1872: „Mit der Fabrikation von Kuckucksuhren befassen sich außer einer Anzahl von Meistern gegenwärtig auch einige große Geschäfte, selten fertigt sie der Kuckucksuhrenmacher selbst. Dieser bezieht vielmehr die Uhrwerke, arbeitet sie genau nach, bringt die Bälge und Pfeifen an und setzt also das fertige Werk in den Kasten ein. Es findet also somit schon bei dieser einzigen Uhr fünffache Arbeitsteilung statt:

1. *Die Vogelschnitzerin*
2. *Der Pfeifenmacher*
3. *Der Kuckuckswerkmacher*
4. *Der Kastenschreiner*
5. *Der eigentliche Kuckuck- und Wachteluhrmacher.*"

Auf der Gewerbeausstellung in Villingen 1907 wurden bei zwei Firmen als Sonderartikel „Miniatur-Kuckucksuhren" erwähnt, insgesamt erschien die Kuckucksuhr bei 16 der 83 Aussteller im Programm, so auch bei Alfons Herr aus Triberg. Das Wort „Kuckucksuhrenfabrik" (oder ähnliche Bezeichnungen) haben 10 Aussteller verwendet, daraus läßt sich auf Spezialisierung und Konzentration der Fertigung schließen. In der Uhrmacher-Fachpresse erschienen um 1900 recht häufig

Anzeigen der Furtwanger Firma Gordian Hettich Sohn, die auch – allerdings offenbar ohne nachhaltigen ökonomischen Erfolg – „moderneres" Design bei den Kuckucksuhren gepflegt hat. Ein allgemein orientierender Beitrag in der Deutschen Uhrmacher-Zeitung von 1933 erwähnte als bekannte Kuckucksuhrenhersteller die Firmen Karl Josef Dold Söhne in Schönwald, Joseph Faller Söhne in Triberg, A. Maier in St. Georgen und Rombach & Haas in Schonach.

Die Kuckucksuhr war und ist eine volkstümliche Uhr, und auch Kindern bereitet sie viel Freude, doch die Gebildeten haben sich oft von ihr distanziert. Das beweisen viele vergebliche Versuche, die Bahnhäusleform künstlerisch „aufzuwerten", diese Haltung begegnet uns jedoch auch in Berichten über Gewerbeausstellungen. Aus Besançon schreibt 1860 Johannes Bürk über die Schwarzwälder Fabrikate: „... und nur nebenbei bemerke ich, daß die Trompeter und Kuckucks und Wachteln ... nicht wenig Lärm machten und dieselbe Kategorie von Besuchern anzogen, die in ihnen auch in Deutschland Meisterstücke des menschlichen Genies bewundert, während vornehme Franzosen sie mit einem Lächeln betrachteten ..." Schon 1826 hatte Karl Julius Weber befürchtet, daß der künstliche Kuckucksruf die Menschen gleichgültig mache gegen den „wahren Vorboten des Frühlings ... So verhunzt Kunst die Natur!" Und als ein Jahrhundert später das Haus Cartier von einem guten Kunden gebeten wurde, für einen unliebsamen Verwandten ein recht geschmackloses Geschenk zu entwerfen, entstand aus edlem Metall und Juwelen ein Häuschen mit Kuckucksruf.

Die großen Jahrzehnte der Kuckucksuhr liegen in der zweiten Hälfte des 19. Jahrhunderts, wie aus

Begehbares hölzernes Uhrwerk der vorgenannten Kuckucksuhr.
Familie Josef Dold, Schonach.

Miniatur Kukuks-Uhren

mit gesetzlich geschützten Pfeifen sind die besten.
Zu beziehen durch

J. H. HEILBRONNER, München, Neuhauserstr. 3.

verschiedenen Anzeichen geschlossen werden kann. Der bereits erwähnte Johannes Bürk bemerkte 1860, daß Kuckuck- und Wachtelrufe selbst in französische Pendulen eingebaut wurden, was ihn befürchten ließ, französische Besucher könnten annehmen, die Schwarzwälder hätten diese „veredelten Kuckucksuhren" in gröberer Form nachgebaut. Solche Bedenken waren unbegründet, denn die Verbindung zwischen Kuckucksuhr und Schwarzwald hat sich gerade in diesen Jahrzehnten entscheidend verfestigt. Auf der Pariser Weltausstellung 1867 wird das gesamte Schwarzwälder Uhrenprogramm unter dem Begriff Kuckucksuhren in der Öffentlichkeit diskutiert, und der einflußreiche Uhrenexperte Claudius Saunier wählt das gleiche Wort in seiner Uhrengeschichte als Gattungsbegriff für die Schwarzwalduhr. Wo liegen die Ursachen, daß ein Uhrentyp vom 18. bis ins ausgehende 20. Jahrhundert seine Anziehungskraft und Beliebtheit wahren konnte? Zwar gab es auch am Kuckucksuhrenmarkt Schwankungen und bisweilen Einbrüche, in manchen Ländern, so in Deutschland, Großbritannien und den USA, war diese Uhrengattung beliebter als anderswo, doch insgesamt gesehen wurde die Produktion bis zur Gegenwart hin nie unterbrochen. Ist es die Freude an der technischen Spielerei, an der Perfektion eines lebensnah wirkenden Automaten, der zudem hinter dem Lackschild, im Biedermeier-und ganz besonders im Bahnhäuslekasten eine Heimstatt gefunden hat, die Wünsche nach Sicherheit und Geborgenheit erfüllt? Welchen Anteil hat der Klang des Kuckucksrufs, zwei harmonisch aufeinander abgestimmte Töne in gemäßigter Tonlage, die nicht so künstlich wirken wie der mechanische Hahnenschrei oder der Trompetenklang und nicht so aufreizend wie das hohe Tirili der Wachtel? Doch vielleicht ist die Kuckucksuhr nur vordergründig Zeitmesser und Teil der häuslichen Umgebung, in Wirklichkeit jedoch ein Objekt, das weit tiefer liegende Bedürfnisse befriedigt, einem Talisman vergleichbar oder dem nie aussterbenden Wunsch, das persönliche Schicksal am Stand der Sterne ablesen zu können. Schließlich haben unsere Vorfahren im Kuckuck auch den Vogel gesehen, dessen Ruf die Hoffnung des Frühlings verkündet, dessen Stimme Glück, Liebe, Reichtum und langes Leben verheißen konnte. Jeder Stundenschlag der Kuckucksuhr wäre dann der Versuch, die positiven Wirkungen des Kuckucksrufs auf Dauer in das eigene Heim hereinzuholen, letztlich also das gute Geschick mechanisch-repetierend an den Menschen zu binden. Auch das könnte eine Erklärung für die Beliebtheit der Kuckucksuhr über die Jahrhunderte hinweg sein. Doch selbst als Ware gibt sie ihre letzten Geheimnisse nicht preis.

Beispiel für eine Kuckucksuhr aus dem Illustrierten Katalog zur Weltausstellung in Paris, 1867.

Alphons Herr,
Kuckuck-Uhrenfabrik, ●●●●
●● Triberg, Schwarzwaldbahn.

Spezialität:

Alle Arten Trompeter-, Kuckuck-
Wachtel-
und sonstige Wand-Uhren.

Literaturverzeichnis

Abeler, J.
Meister der Uhrmacherkunst, o.O.
(Wuppertal) 1977.

Altendorf, W.
Bestseller aus dem Schwarzwald, in:
Badische Heimat (1982), S. 75 f.

Aßmus, F.
Technische Laufwerke einschließlich
Uhren, Berlin 1958.

Auerbach, B.
Edelweiß, Stuttgart 1861.

Bauer, H. (Hrsg.)
Schwarzwälder Adreßkalender für
das Jahr 1845, Neustadt o.J. (1844).

Bender, G.
Die Uhrenmacher des hohen
Schwarzwaldes und ihre Werke,
2 Bände, Villingen 1975/78.

Beringer, J. A.
Badische Malerei im neunzehnten
Jahrhundert, Karlsruhe u.a. 1913.

Die Bilderfabrik
Kat. Ausst. Frankfurt am Main 1973,
veranstaltet vom Institut für Volkskunde der Universität Frankfurt am
Main und dem Historischen Museum
Frankfurt am Main unter Mitwirkung
v. C. Pieske, Lübeck, durch W. Brückner, Universität Frankfurt am Main,
Frankfurt am Main 1973.

Braumann-Honsell, L.
Meister Lang und seine Uhren, Freiburg 1948.

Brückner, W.
Elfenreigen-Hochzeitstraum. Die
Öldruckfabrikation 1880-1940, Köln
1974.

Brückner, W.
Populäre Druckgraphik Europas.
Deutschland. Vom 15. bis zum 20.
Jahrhundert, München 1969.

Camerer Cuss, T. P.
Cuckoo Clocks in: Antiquarian Horology (1959) S. 190-194

Chapuis, A./Droz, E.
Les Automates, Neuchâtel 1949.

Chapuis, A./Gelis, E.
Le Monde des Automates, 1. Band,
Paris 1928.

Chavigny, R.
Les Horloges de la Forêt Noire: Les
Coucous in: Bulletin de l'Ancaha,
Paris (1986), Nr. 45, S. 36-59.

Clewing, J.
Friedrich Eisenlohr und die Hochbauten der badischen Staatseisen-
bahn, Diss. Architektur Universität
Karlsruhe 1968.

Diekmann, A.
Das große Liederbuch, Zürich 1975.

Dietz, R. u.a. (Hrsg.)
Kommissionsbericht über die
Schwarzwälder Industrieausstellung
zu Villingen im Spätjahr 1858, Karlsruhe 1858.

Dold, H.
Die größte Kuckucksuhr der Welt in
Schonach, in: Almanach 88, Villingen-Schwenningen 1987, S. 195-
197.

Dold, H.
Die Schwarzwälder Kuckucksuhr, in:
Almanach 1983, Villingen-Schwen-
ningen 1982, S. 64-66.

Dold, K. J.
Wer ist der Erfinder der Kuckucks-
uhr? in: Die Uhrmacherkunst (1930),
S. 701-703.

Dold, K. J.
Zweihundertjähriges Jubiläum der
Kuckucksuhr, in: Deutsche Uhrma-
cher-Zeitung (1930), S. 554 f.

Dorer, R.
Schönwald in Vergangenheit und
Gegenwart, Villingen 1948.

Falke, J. v.
Aesthetik des Kunstgewerbes. Ein
Handbuch für Haus, Schule und
Werkstätte, Stuttgart 1883.

Falke, J. v.
Die Kunst im Hause. Geschichtliche
und kritisch-ästhetische Studien
über die Dekoration und Ausstattung
der Wohnung, Wien 1871.

Feigl, G.-J.
Der Schwarzwälder Lackschild-Kuk-
kuck. Der Surrer in: Schmuck und

Uhren (1985), 4, S. 102-106.

Der Flume Großuhrschlüssel für den
täglichen Gebrauch am Werktisch.
= Das Flume System Bd. 4, Berlin
1957.

Aus der Frühgeschichte der Kukkucksuhren (nach Kistner), in: Neue
Uhrmacher-Zeitung (1965) S. 10-12.

Garampi, G., vgl. Palmieri, Gregorio
D. (Hrsg.)
Viaggio in Germania … Diario del
Cardinale Giuseppe Garampi, Roma,
Tipografia Vaticana, 1889.

Gerwig, R.
Einiges über die Entstehung und
Entwicklung der Uhrenfabrikation
auf dem Schwarzwalde, in: Badisches Zentralblatt für Staats- und
Gemeindeinteressen (1855), S. 60 f.
in Forts.

Gibbs, J. W.
The American Cuckoo Clock Com-
pany, in: Bulletin of the NAWCC, Vol
XXIII, Nr. 4 (1981), S. 10.

Gothein, E.
Wirtschaftsgeschichte des Schwarzwaldes, 1. Band, Straßburg 1892.

Hauffe, K.
Badische Schnitzereischule in Furtwangen i. B. Neue Formen der Kukkucksuhren, in: Deutsche Uhrmacher-Zeitung (1925), S. 995 f.

Hilscher, E.
Die Bilderbogen im 19. Jahrhundert,
Diss. Münster 1975 gleichzeitig
München 1977. = Studien zur Publi-
zistik. Bremer Reihe. Deutsche Pres-
seforschung, hg. v. E. Blühm, Bd. 22.

Himmelheber, G.
Die Kunst des deutschen Möbels.
Bd. 3 Klassizismus/Historismus/
Jugendstil, München 1973. = Krei-
sel, H., Die Kunst des deutschen
Möbels. Möbel und Vertäfelungen
von den Anfängen bis zum Jugend-
stil.

Hoffmann-Krayer, E. (Hrsg.)
Artikel Kuckuck in: Handwörterbuch
des Deutschen Aberglaubens,
5. Band, Berlin/Leipzig 1932/33,
Sp. 690-751.

Immel, U.
Die deutsche Genremalerei im neunzehnten Jahrhundert, Diss. Heidelberg 1967.

Jäck, M. F.
Historische Darstellungen der Industrie und des Verkehrs auf dem Schwarzwalde, in: Magazin für Handlung, Handlungsgesetzgebung und Finanzverwaltung … (1810), S. 65-75 in Forts. Nachdruck: Tryberg oder der Versuch einer Darstellung der Industrie und des Verkehrs auf dem Schwarzwald, Konstanz 1826.

Jüttemann, H.
Die Schwarzwalduhr, 2. Aufl. Braunschweig 1978.

Kahlert, H.
Bibliographie zur Schwarzwalduhr, Furtwangen o. J. (1984).

Kahlert, H.
300 Jahre Schwarzwälder Uhrenindustrie, Gernsbach 1986.

Kahlert, H.
Großuhren 1880, Furtwangen 1985.

Kahlert, H.
Die Kuckucksuhren-Saga, in: Alte Uhren (1983) S. 347-353.

Kahlert, H./Mühe, R.
Vom Bahnwartshaus zur Kuckucksuhr, in: Alte Uhren (1986), S. 34-38.

Katalog der Gewerbe- und Industrieausstellung 14. Juli bis 9. Sept. 1907 in Villingen, Villingen o.J. (1907).

Kistner, A.
Beiträge zur Geschichte der Schwarzwälder Kuckucksuhr in: Die Uhrmacher-Woche (1930), S. 769f. in Forts.

Kistner, A.
Ein Besuch bei Schwarzwälder Kuckucksuhrmachern, in: Die Uhrmacher-Woche (1935), S. 4-6.

Kistner, A.
Die Historische Uhrensammlung Furtwangen, Furtwangen 1925.

Kistner, A.
Die Schwarzwälder Uhr, Karlsruhe 1927.

Kochmann, K.
Black Forest Clock Makers and the Cuckoo Clock, Concord California 1987.

Kochmann, K.
The Black Forest Cuckoo Clock, Concord California 1978.

König, W.
Unbekannte Meister im einsamen Schwarzwaldhaus, in: Die Uhrmacherkunst (1934), S. 437-439.

Kroker, E.
Die Weltausstellungen im 19. Jahrhundert. Industrieller Leistungsnachweis, Konkurrenzverhalten und Kommunikationsfunktion unter Berücksichtigung der Montanindustrie des Ruhrgebietes zwischen 1851 und 1880, Göttingen 1975. = Studien zur Naturwissenschaft, Technik und Wirtschaft im Neunzehnten Jahrhundert, hg. v. W. Treue, Bd. 4.

Die Kuckucksuhr der Gegenwart, in: Süddeutsche Uhrmacherzeitung (1911) Heft 7, S. 20-22.

Die Kuckucksuhr mit Rechenschlagwerk, in: Die Uhr (1950) 14, S. 24 f.

Krug, G.
Mechanische Uhren. Einzelteile, Baugruppen, Werks- und Hilfsstoffe, Berlin (Ost) 1987.

Loeske, M.
Schwarzwälder Uhren, in: Deutsche Uhrmacher-Zeitung (1933), S. 151-155.

Loske, L. M.
Aus der Heimat der Schwarzwälder Kuckucksuhr, in: Neue Uhrmacher-Zeitung (1951), S. 676 f.

Loske, L. M.
Cronometria. Del obelisco al reloj de cuarzo y atomico, Mexiko D. F. 1979.

Lübke, A.
Das große Uhrenbuch, Tübingen 1977.

Lübke, W.
Die Kunstgewerblichen Bestrebungen der Gegenwart. Öffentlicher Vortrag am 19. August 1876 im Königsbau zu Stuttgart im Interesse des Württembergischen Kunstgewerbe-Vereins. Separat-Abdruck aus der „Illustrirten Zeitung für Blechindustrie", Stuttgart 1877.

Meitzen, A.
Über die Uhren-Industrie des Schwarzwaldes, Diss. Breslau 1848. Erw. Nachdruck in: Alemannia (1900), S. 1-78.

Monk, S. C.
The Standard 30-hour Cuckoo Clock in: Horological Times (1982) July, S. 32 f.

Mühe, R.
Die Geschichte der Kuckucksuhr, in: Schriften der Freunde Alter Uhren VI, Ulm 1966, S. 19-24.

Mühe, R.
Die Kuckucksuhr in: Gold und Silber/Uhren und Schmuck (1983) 2, S. 75-79.

Mühe, R./Kahlert, H.
Deutsches Uhrenmuseum Furtwangen. Die Geschichte der Uhr, 2. Aufl. München 1984.

Musterblätter für die Uhrenschildmaler des Schwarzwaldes entworfen von Heinrich Frank, Lucian Reich, lithographiert & gedruckt von J. N. Heinemann in Hüfingen. II. Heft Musterblätter für die Uhrenschildmaler des Schwarzwaldes entworfen von Heinrich Frank, Josef Heinemann und Lucian Reich, lithographiert von J. N. Heinemann in Hüfingen, Hüfingen 1851.

Pierer, H. A. (Hrsg.)
Artikel Kuckucksuhr, in: Universal-Lexikon, 12. Band, Altenburg 1835.

Poppe, A.
Die Schwarzwälder Uhrenindustrie nach ihrem Stand im Jahre 1838, in: Polytechnisches Journal (1840), S. 273-296 in Forts.

Poppe, J. H. M.
Die Uhren und die Uhrmacherkunst auf der höchsten Stufe der jetzigen Vervollkommnung, Tübingen 1829.

Repairing Cuckoo Clocks, in: The Horological Journal (1898), S. 79 f.

Reynst, E.
Friedrich Campe und sein Bilderbogen-Verlag zu Nürnberg. Mit einer

Schilderung des Nürnberger Kunst-
betriebes im 18. und in der ersten
Hälfte des 19. Jahrhunderts, Nürn-
berg 1962. = Veröffentlichungen der
Stadtbibliothek Nürnberg, Bd. 5.
Schaaf, B.
Holzräderuhren, München 1986.
Schaaf, B.
Schwarzwalduhren, Freiburg 1983.
Schneider, W.
Zur Entstehungsgeschichte der
Kuckucksuhr, in: Alte Uhren (1985)
3, S. 13-21.
Schneider, W.
Frühe Kuckucksuhren von Johann
Baptist Beha aus Eisenbach im
Hochschwarzwald, in: Alte Uhren
(1987) 3, S. 45-53.
Schneider, W.
Früher Holzräder-Automat mit Kuk-
kuck und Trompeter, in: Alte Uhren
(1987) 4, S. 31-34.
Schott, K.
Die Schwarzwälder Uhrmacherei.
Weltausstellung Wien 1873, o.O.
(Furtwangen) o.J. (1873).
Selle, G.
Design. Geschichte in Deutschland.
Produktkultur als Entwurf und Erfah-
rung. 3. Aufl., Köln 1987.
Shenton, A./Shenton, R.
The Price Guide to Collectable
Clocks, 2. Aufl., Woodbridge (Groß-
britannien) 1985.
Steyrer, F.
Geschichte der Schwarzwälder Uhr-
macherkunst, nebst einem Anhange
von dem Uhrenhandel derselben,
Freiburg 1796.
Stolberg, F. L Graf zu
Die Insel (ersch. 1788), in: Gesam-
melte Werke der Brüder Stolberg, 3.
Band, Hamburg 1821, S. 139 f.
Tyler, J. E.
Black Forest Clocks, London 1977.
Voß, J. H.
Der siebzigste Geburtstag, in: Sämt-
liche Gedichte, Königsberg 1825, 2.
Band, S. 145.

Vulpinus, T. (Renaud, T.)
Deutsche Berge, in: Auslese, Lieder,
Bilder und Sprüche, Straßburg 1900,
S. 34.
Weber, K. J.
Deutschland oder Briefe eines in
Deutschland reisenden Deutschen,
3. Aufl. Stuttgart 1855, S. 112 (1. Aufl.
1826).
Weber, K.
Aus der Geschichte von Neukirch,
Freiburg 1968.
Wenzel, J.
Zwei Automatenuhren aus den
Werkstätten des kaiserlichen Pala-
stes in China, in: Alte Uhren (1987)
3, S. 54-59.
Woltmann, A.
Friedrich Eisenlohr, in: Badische Bio-
graphien 1. Teil, Heidelberg 1875,
S. 220-223.
Wordsworth, W.
The Cuckoo Clock, in: Fox, C.A.O. –
An Anthology of Clocks and Wat-
ches, Valley House, Bishopston,
Swansea, Großbritannien o.J. (Privat-
druck).

Herstellerfirmen für Kuckucksuhren

Neben den hier genannten Firmen gibt es noch Kuckucksuhrenherstellung in anderen Ländern, so in Japan und in der UdSSR.
Die Liste erhebt keinen Anspruch auf Vollständigkeit.

AMS A. Mayer GmbH, Furtwangen
Kuckucksuhren mit Musik und tanzenden Figuren, Großuhren

Bachmaier & Klemmer, Berchtesgaden
Kuckucksuhren, Automaten in Kuckucksuhrengehäusen

A. Dold, Triberg und Schonach
Kuckucksuhren

Josef Dold, Schonach
Kuckucksuhren

Josef Engstler, VS-Villingen
Kuckucksuhren, Spieluhren, Miniaturuhren

A. Herr, Schonach
Kuckucksuhren

Hubert Herr Uhrenfabrik und Holzschnitzerei GmbH & Co KG, Triberg
Kuckucksuhren mit eigenen Werken und Gehäusen

D. Hönes, Titisee-Neustadt
Kuckucksuhren, Großuhren

H. Kammerer, Schonach
Kuckucksuhren

Gebr. Kuner, Schonach
Kuckucksuhren

Robert Lötscher AG, CH-Glattbrugg
Kuckucksuhren in Chaletform

Rombach & Haas, Schonach
Kuckucksuhren

A. Schlenker, VS-Schwenningen
Kuckucksuhren

Emil Schmeckenbecher, VS-Villingen
Kuckucksuhren und Großuhren

Anton Schneider und Söhne GmbH & Co, Schonach
Kuckucksuhren

A. Schwab, Schonach und Karlsruhe
Kuckucksuhren

Schwarzwälder Uhrwerke-Fabrik Burger GmbH & Co KG, Schonach
Kuckucksuhrenwerke

A. Schwer, Schonach
Kuckucksuhren

G. Schwer, Schonach
überwiegend Gehäuse und Holzschnitzteile für Kuckucksuhren

Werktabelle

Seite	Bezeichnung	Besonderheiten	Antrieb	Anker/Welle	Platine
			Seil	BA/HW	Ne
			Kette	MA/MW	Hi
			Feder		Du Ma
Hölzerne Kuckucksuhren bis 1850					
17	Hölzerne Waaguhr	Figurenspiel	S		Ne
	Vorderpendel Papierzifferblatt	Barockdekoration	S		Hi
19	Langpendel Papierzifferblatt	drei Uhrwerke	S	BA/HW	Hi
22	Bemalte Holzuhr	„Adam und Eva"	K	BA	Hi
24	Barockschild-Uhr	Werk jünger als Schild	S	BA/MW_	Hi
26	Holzgespindeltes Werk	„Normwerk", Hintereinander-anordnung	K	BA/MW_	Hi
29	Lackschild vor 1800	typische Art	S	BA/HW⁻	Hi
30	Lackschild nach 1800	französische Aufschrift	K	BA/HW_	Hi
Typische Holzplatinenwerke ab 1850					
30	„Normwerk" um 1850	Stabplatinen, Nebeneinander-anordnung	K	BA/MW	Ne
35	Rahmenuhr	geprägtes Blechschild	K	BA/MW	Ne
41	Biedermeieruhr	Holzrahmen mit Aufsatz	K	BA/MW	Ne
42	Biedermeieruhr	Porzellansäulen	K	BA/MW	Ne
50	Bahnhäusleuhr	reiche Laubsägedekoration	K	BA/MW	Ne
Übergang zu Metallwerken um 1870					
52	Bahnhäusleuhr mit Wachtel	drei Werke nebeneinander	K	BA	Du
53	Bahnhäusleuhr	flache Schnitzerei	F	MA	Du
53	Bahnhäusleuhr	Kuckuck mit Echo	K	BA	Du
59	„Klassische" Bahnhäusleuhr	tiefe figurale Schnitzerei	K	BA	Ne
Tischuhrwerke und Besonderheiten					
62	Dekorative Wanduhr	Firma GHS	K	BA	Du
62	Reich dekorierte Wanduhr	Einzelanfertigung	F	MA	Ma
64	Tischuhr für englischen Markt	massives Werk	F	BA	Ne
65	Tischuhr neogotisch	Firma PHS	F	BA	Du
68	Schlichte Bahnhäusle-Tischuhr	Lyra-Platine	F	BA	Du
69	Bahnhäusle-Tischuhr	einfache Sägearbeit, GHS 27	F	BA	Du
70	Bahnhäusle-Tischuhr	reiche, tiefe Schnitzerei	F	BA	Du
73	Tischuhrmodell	Kuckuck und Wachtel drei Werke, massiv	F	MA	Ma
Moderne Formen					
76	Baumstamm-Uhr	moderne Gestaltung	K	BA	Du
77	Neue Kuckucksuhr	Spielwerk, Tanzgruppe	K	BA	Du

BA = Blechanker	HW⁻ = Ankerwelle über oder unter der oberen Platine angeordnet	HR = Holzräder
MA = Massivanker		HSP = Holzgespindelt
HW = Holzwelle	Ne = Nebeneinanderanordnung der Einzelwerke	MR = Metallräder
MW = Metallwelle	Hi = Hintereinanderanordnung der Einzelwerke	HTr = Hohltriebe aus Metall
MW_ = Ankerwelle unter der oberen Platine angeordnet	Du = Durchbrochene Metallplatine	VTr = Volltriebe aus Metall
	Ma = Massive Metallplatine	V, HTr = Voll- und Hohltriebe aus Metall

Maße			Räderwerk	Laufdauer	Schl. Sch.	Hebel	ZW	Pfeifen		Ton	Bemerkungen
H B T (cm) über beide Platinen				1 Tag / 8 Tage	H / M	H / M	H / M	W / S	cm / cm	G / TF	
43	40	25	HR-HSP	1	H	H	H	S		G	
18	13	14	HR-HSP	1	H	H	H	W	13,5/10	G	
26	25	16	HR-HSP	1	H	H	H	W	13,5/10	G	
			HR-HSP	1	H	H	H			G	
17	12	14	MR-HSP	1	M	H	H/M	S	13,5/10,5	G	
16	12	17	MR-HSP	1	M	M	M	S	13/10	TF	
17,2	12,5	13,5	HR-HSP	1	H	H	H	W	13/9	G	
19,3	14	14,2	MR-HSP	1	H	H	H	W	13,5/9,5	G	
16,5	15,8	11	MR-HTr	1	M	M	M	S	13,5/9,5	TF	
13,5	13	4,2	MR-HTr	1	M	M	M	S	13,5/10	TF	
14	13,5	7,5	MR-HTr	1	M	M	M	S	13,5/10	TF	
13,6	13,2	7	MR-HTr	1	M	M	M	S	13,5/10	TF	
14	12	5,5	MR-HTr	1	M	M	M	S	13,5/9,5	TF	
11	15,5	3,5	MR-V, MTr	1	M	M	M	S	13/10	TF	1 Wachtelpfeife
16	13,2	4,5	MR-V, MTr	8	M	M	M	S	13/10	TF	
9	8,7	3,3	MR-HTr	1	M	M	M	S	13,5/10	TF	2 kurze Pfeifen für Echo
14	12	8,5	MR-HTr	1	M	M	M	S	13,5/9,8	TF	
10,6	11	3,5	MR-HTr	1	M	M	M	S	13,5/10	TF	
21	15,5	6	MR-VTr	8	M	M	M	S	13/10,5	TF	
25	18	7	MR-V, HTr	8	M	M	M	S	13,5/9,5	TF	Massives Holz-Stabplat. Werk.
20	14	6,3	MR-V, HTr	8	M	M	M	S	5	2 TF	Nur Wachtelpfeife
12	11	5	MR-HTr	8	M	M	M	S	14/10	TF	
11,5	11	4,6	MR-HTr	8	M	M	M	S	13,5/9,5	TF	
19	13,5	6,7	MR-V, HTr	8	M	M	M	S	14/9,5	TF	Schnecke, Draht nur für Schlagw.
22,5	22	6,5	MR-VTr	8	M	M	M	S	14/12	2 TF	Schnecke, Kette 1 kurze Wachtelpfeife
9	9	2,7	MR-VTr	1	M	M	M	S	11/11	TF	Pfeifen mit innerer Struktur
9	9	2,5	MR-VTr	1	M	M	M	S		TF	

Schl. Sch. = Schloßscheibe
H = Holz
M = Metall
H/M = Holz und Metall kombiniert
ZW = Zeigerwerk

W = Waagerecht, die Zahlen stehen für die wirksamen Pfeifenlängen in cm
S = Senkrecht, die Zahlen stehen für die wirksamen Pfeifenlängen in cm

G = Glocke
TF = Tonfeder

Glossar

Lackschilduhr

Bogenschild
Zifferblatt
Zwickel

Rahmenuhr

Blatt mit gemalter oder geprägter Dekoration

Stabplatinenwerk

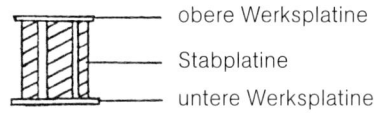

obere Werksplatine
Stabplatine
untere Werksplatine

Biedermeieruhr

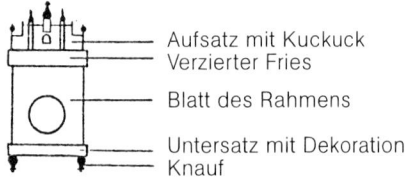

Aufsatz mit Kuckuck
Verzierter Fries
Blatt des Rahmens
Untersatz mit Dekoration
Knauf

Massives Platinenwerk

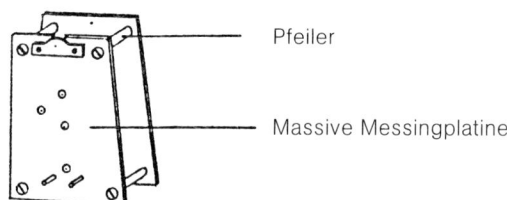

Pfeiler

Massive Messingplatine

Bahnhäusleuhr mit Laubsägearbeit

Verzierte Giebel-
leiste

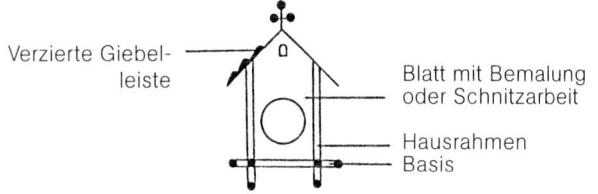

Blatt mit Bemalung oder Schnitzarbeit
Hausrahmen
Basis

Werke mit durchbrochenen Platinen

einfache Form

Bahnhäusleuhr mit Schnitzarbeit

Kompositionslinien

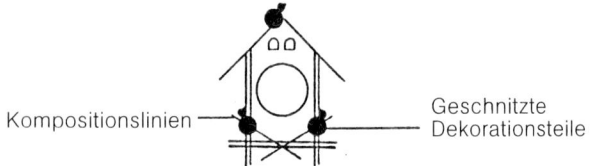

Geschnitzte
Dekorationsteile

Lyraform

Zum Geleit

Zu den Aufgaben des Museumsvolontärs bei einer Sonderausstellung gehören das Lernen am praktischen Beispiel wie das Demonstrieren des inzwischen Gelernten. Um einem kritischen Publikum der Uhrmacherregion mit vielen Spezialisten zu entsprechen, wurde der fachlichen Aufbereitung des Themas besondere Aufmerksamkeit gewidmet.

Zudem soll die Ausstellung ansprechen und mit der beispielhaften wissenschaftlichen Bearbeitung Besonderheiten herausstellen. Im Einzelnen wird an Hand des Firmenporträts der Kuckucksuhrenfabrik Beha in Eisenbach das besondere Fabrikationsprogramm einer Schwarzwälder Uhrenfabrik, die bevorzugt für einen ausgesuchten Markt arbeitete, beleuchtet. Das Bild einer Fabrikations- und Marktstruktur gibt interessante Aufschlüsse über die Struktur des Weltmarktes im letzten Jahrhundert.

Besondere Profilierung gewinnt sowohl das Museum, wie die behandelte Firma als auch der historische Uhrmacherort Eisenbach. So wünschen wir uns, daß die Ausstellung gerade jetzt in der ruhigeren Winterzeit gezieltes Interesse weckt und Resonanz bei den Besuchern findet.

Furtwangen, den 1.Februar 1994

Prof. Dr. Richard Mühe
Museumsleiter

Vorwort

Eine Sonderausstellung über Kuckucksuhren im Deutschen Uhrenmuseum Furtwangen? Auf den ersten Blick erscheint dies wenig außergewöhnlich. Zum einen liegt ihr traditionelles Produktionszentrum ganz in der Nähe im Raum Triberg/Schonach, zum anderen erfreuen sich Kuckucksuhren auch heute noch einer ungebrochenen Popularität.

Die Ausstellung vefolgt jedoch ein anderes Ziel. Sie möchte ein bestimmtes Kapitel Schwarzwälder Uhrengeschichte in den Vordergrund rücken: das reichhaltige Schaffen des Eisenbacher Uhrmachermeisters Johann Baptist Beha. Als "Tüftler" und "Probierer" mit nur einfacher Schulbildung gelang es Beha in der zweiten Hälfte des 19. Jahrhunderts ein erfolgreiches Unternehmen zu gründen. Zusammen mit seinen Söhnen baute er besonders qualitätsvolle Kuckucksuhren in zahlreichen Variationen.
Daß die Ausstellung zustande kommen konnte ist nicht zuletzt der ungewöhnlich hohen Zahl noch heute erhaltener Gegenstände der ehemaligen Firma zu verdanken. Uhren, Werkzeuge, Uhrenbestandteile und Entwürfe können nun erstmals der Öffentlichkeit zugänglich gemacht werden.

Prof. Dr. Richard Mühe und Beatrice Techen, M.A. haben die Ausstellung ermöglicht. Ihnen sei an dieser Stelle gedankt. Danken möchte ich auch Uhrmachermeister Richard Menke, der nicht nur die Idee zur Ausstellung hatte und Kontakte vermittelte, sondern mich auch in allen technischen Fragen beraten hat. Mein besonderer Dank gilt jedoch Theresia und Franz Beha sowie der Familie Wursthorn in Eisenbach, ohne deren Hilfsbereitschaft und großzügige Unterstützung die Ausstellung nicht möglich gewesen wäre.
Für weitere Unterstützung bedanke ich mich bei: Gerd Bender, Bürgermeister Siegfried Scharf, Eisenbach, Roman Helfen, Prof. Dr. Helmut Kahlert, Hugo Maier, Franz Nopper, Gerhard Peghini, Roman und Maz Piekarski, Severin Rikl, Daniela Rombach, Dr. Wilhelm Schneider, Stadtarchiv und Museen Villingen-Schwenningen.

Furtwangen, den 1. Februar 1994

Ulrike Schwarz, M.A.

1. Zur Entwicklung der Uhrmacherei in Eisenbach

Die Voraussetzungen zur Etablierung des Uhrengewerbes waren in Eisenbach sehr günstig: die Bauern hatten oft wenig Land zur Bearbeitung, und nach der Stillegung der Bergwerke um 1680 gab es kaum Beschäftigungsmöglichkeiten für die Bevölkerung. Somit bot die Uhrmacherei für viele neue Arbeits- und Verdienstmöglichkeiten.[1]

Mit dem Uhrenbau wurde in Eisenbach um 1740 begonnen. Erste Einflüsse kamen aus Urach, von wo aus schon in den 1730er Jahren mit Uhren gehandelt wurde. Eisenbach entwickelte sich in der ersten Phase zu einem Uhrenhändlerort. Noch 1761 hatte der erste Uhrmacher Josef Maier als einziger die Bezeichnung "der Uhrenmacher".[2]

Um die Mitte des 19. Jahrhunderts sahen die Zahlen jedoch schon anders aus. Aus einer Statistik von 1841/43 geht hervor, daß der Anteil der Uhrmacher an der Gesamtbevölkerung nirgends im Schwarzwald höher war, als in Eisenbach: von 586 Einwohnern waren 49 Personen selbständige Uhrengewerbler.[3]

1852 berichtete der Regierungsdirektor Fromherz aus Konstanz: "Die Uhrenmacherei und der Absatz der Uhren geht dermalen sehr gut (...) Die Hauptwerkstätte hat Uhrenmacher Sättele,(...)Felix Höfler(...), der Blechschildmaler Willmann, desweiteren die Uhrenkastenschreinerei von Weißer, der sog. Kukuksuhrenmacher Beha, die Schildmaler Kirner und Stegerer."[4]

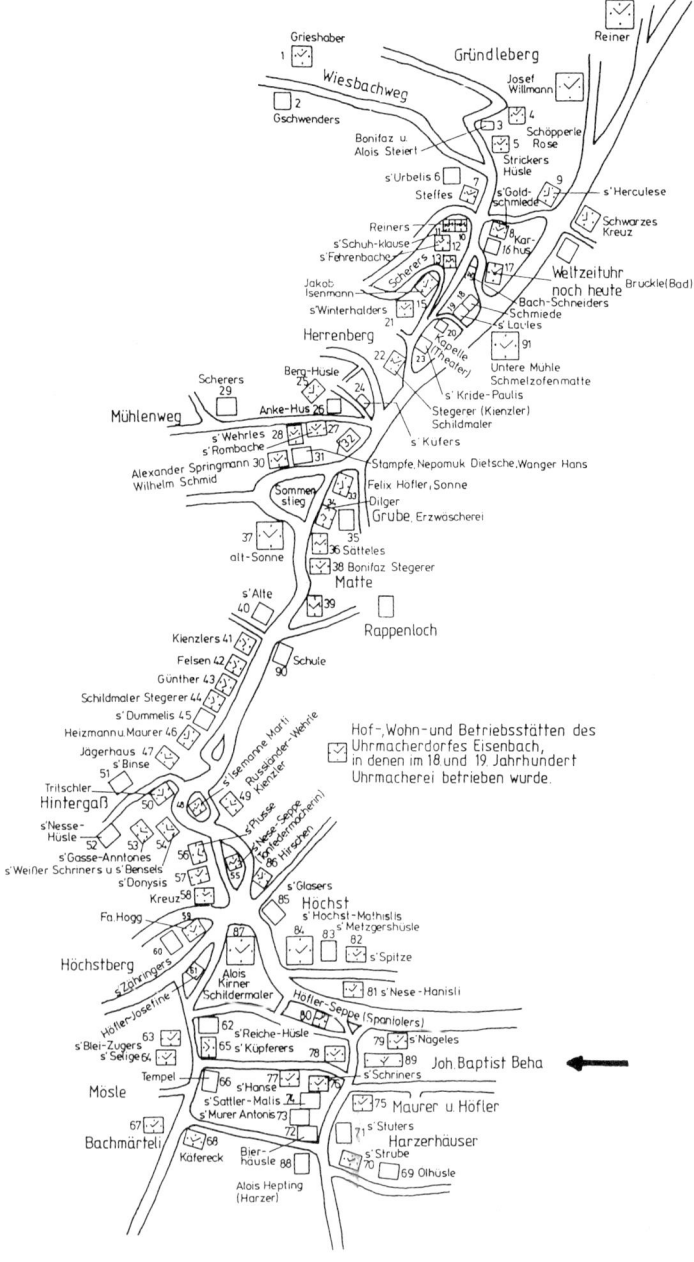

Karte von Eisenbach. Zeichnung: Gerhard Peghini.

Etwas später bestimmten dann vor allem die Werkstätten von Rupert Maurer, Johann Baptist Beha und Winterhalder & Hofmeier die Uhrenproduktion im Eisenbacher Raum, und viele Hausgewerbler wurden von diesen Familien abhängig. Schließlich fanden ab 1854 die Erzeugnisse der Eisenbacher Uhrenhersteller auch auf nationalen und internationalen Ausstellungen großes Lob.

Noch 1868 schrieb der Neustädter Oberamtmann nieder: "Die Bewohner ernähren sich vorzugsweise mit Uhrenmacherei, bzw. Uhrenkastenschreinerei, und haben z. Zt. für ihre Waren mehr Absatz als sie liefern können.(...) Die Bewohner dürfen insofern als wohlhabend bezeichnet werden, als jeder, der arbeiten kann und will, Arbeit und guten Lohn findet."[5]

In der Zeit nach dem deutsch-französischen Krieg zeichnete sich jedoch schon der langsame Niedergang des Hausgewerbes ab. 1873 schlug der 1868 wiederbegründete Gewerbeverein vor, eine Fabrik für Uhrenbestandteile auf genossenschaftlicher Basis zu gründen, um die Uhrmacher zu unterstützen und das angeschlagene Hausgewerbe zu retten. Doch Franz Releaux, Direktor der königlichen Gewerbeakademie in Berlin, kritisierte dieses Vorhaben, weil es nicht sinnvoll sei, die beginnende Industrialisierung ihrerseits mit Industrie zu bekämpfen. 1875 "sind aus dem Orte auch die dringendsten Klagen und Bitten erschollen, welche die Staatshülfe anrufen."[6]

Wanduhr mit reicher Blattranken-Schnitzerei. Ungewöhnliche Frontgestaltung. Fa. J.B. Beha & Söhne, um 1880.

Wanduhr im Stil der Neogotik. Fa. J. B. Beha & Söhne, um 1870/1880.

1876 ging in Eisenbach die Einwohnerzahl auf 518 zurück. Einige Uhrmacherwerkstätten mußten schließen, und etliche Arbeiter wanderten in die entstehenden Fabrikorte ab. Der Plan einer Bestandteilefabrik wurde fallengelassen, und 1879 hatte man in Eisenbach "mehr auf Lager als auf Bestellung"[7] gearbeitet.

Zudem bestand im Amtsbezirk Neustadt seit 1851 die erste Uhrenfabrik des Schwarzwaldes: die "Aktiengesellschaft für Uhrenfabrikation Lenzkirch" stellte hochwertige Massivwerke her und eroberte neue Märkte, so daß viele kleinere Eisenbacher Werkstätten mit dieser Konkurrenz nicht mehr mithalten konnten. Hinzu kam noch die Konkurrenz der billigen Amerikaneruhr in den 1870er Jahren, mit dem Ergebnis, daß die Uhrenproduktion in Eisenbach stetig zurückging.

1891 vermerkte der Neustädter Oberamtmann: "Weitaus die Mehrzahl der Einwohner beschäftigt sich mit der Anfertigung von Uhrenbestandteilen, welche in die Uhrenfabriken nach Schwärzenbach, nach Furtwangen, Villingen, St. Georgen, Schwenningen geliefert werden."[8] Schließlich existierten zu Beginn des 20. Jahrhunderts nur noch einige wenige selbständige Unternehmen, die dem Hausgewerbe treu blieben: Johann Baptist Beha & Söhne, Maurer & Höfler, Rupert Wehrle, Matthae Tritschler und andere. Als erstes Unternehmen wagte die Firma Johann Morat - einst mechanische Werkstätte für Uhrenbestandteile - den Sprung von der hausgewerblichen Herstellung zur Fabrik in Eisenbach.

Tischuhr mit großem beweglichen Vogel, Fa. J.B. Beha & Söhne (Privb.).
Entwurf: Englbert Beha, 1888.

2. Die Uhrmacherfamilie Beha[9]

Die Geschichte der Uhrmacherfamilie Beha begann 1801, als sich der Uhrmacher Vinzens Beha (1781-1868) mit 20 Jahren selbständig machte und ein Haus in Oberbränd baute.
Er stellte Kuckucksuhren her, die fast ganz aus Holz waren.
Vinzens hatte elf Kinder, von denen sieben im Kindesalter starben. Es blieben ihm zwei Töchter und zwei Söhne. Die Söhne Johann Baptist (1815-1898) und Bernhard (1830-1900) lernten bei ihrem Vater das Uhrmacherhandwerk.

1845, als Johann Baptist Beha 30 Jahre alt war, erwarb er in Eisenbach/Harzerhäuser ein Haus. Auch er machte sich selbständig und stellte, wie sein Vater, Kuckucksuhren her. Sein Bruder Bernhard unterstützte ihn dabei. Aus Johann Baptists erster Ehe gingen fünf Kinder hervor. Als seine Frau starb, heiratete er ein zweites Mal und sechs weitere Kinder kamen zur Welt. Aufgrund der vielen Kinder mußte Beha sein Haus mehrmals vergößern. Eine Magd und ein Tagelöhner betrieben die Landwirtschaft, und im Winter mußte der Tagelöhner auch in der Uhrmacherwerkstatt aushelfen.

Der Uhrenverkauf lief nur sehr langsam an, doch Johann Baptist Beha gelang es mehr und mehr, seine Uhren zu verbessern. Er ging nach England, um sich Anregungen zu holen und neue Kunden zu werben. Nach seiner Rückkehr stellte er Kukkucksuhren auch als Tischuhren her, die in England sehr beliebt waren.

J.B. Beha mit seiner Frau Sophie Beha.

Lorenz Beha (1856-1941)

Engelbert Beha
(1866-1949)

Die zwei ältesten Söhne von Johann Baptist Beha, Heinrich und Mathä, lernten ebenfalls bei ihrem Vater das Uhrmacherhandwerk. Heinrich erwarb ein eigenes Haus im Harzerhäuser und arbeitete als Heimarbeiter. Mathä übernahm das Gasthaus "Falken" in Oberbränd und wurde Wirt. Der dritte Sohn Franz studierte und arbeitete als Bahnbeamter in Straßburg.
Behas drei Söhne aus zweiter Ehe, Lorenz (1856-1941), Karl (1857-1946) und Engelbert (1866-1949), erhielten schon im Volksschulalter Sonderunterricht im Zeichnen. Alle lernten bei ihrem Vater das Uhrmacherhandwerk. Danach ging Lorenz auf die Kunstgewerbeschule in Karlsruhe und Engelbert in die Realschule nach Rottweil.

Karl hatte eine Vorliebe für das Restaurieren von Uhren. Zur Weiterbildung ging er mit 17 Jahren nach England, wo er eine Familie gründete. Erst nach 32 Jahren kehrte er in seine Heimat zurück und übernahm zusammen mit seinem Bruder Engelbert die Hälfte des Elternhauses. Karl reparierte Uhren und betrieb nebenher etwas Landwirtschaft. Am elterlichen Uhrengeschäft war er nicht beteiligt.

Mit der Uhrenproduktion von Johann Baptist Beha ging es weiter aufwärts, und er erhielt in den 70er und 80er Jahren des 19. Jahrhunderts auf nationalen und internationalen Ausstellungen viele Auszeichnungen.
Als Johann Baptist 1898 im Alter von 83 Jahren starb, übernahmen seine beiden Söhne Lorenz und Engelbert das Geschäft und führten es unter dem Namen "Johann Baptist Beha &

Söhne" weiter. Von nun an wurden Kuckucksuhren in allen Variationen hergestellt, um den unterschiedlichsten Käuferwünschen entgegenzukommen. Das breite Uhrenangebot war jedoch von Nachteil: es wurde mehr Betriebskapital benötigt, das jedoch zu wenig Rendite einbrachte. Zusätzlich wurde durch die Konkurrenz das Geschäft erschwert, denn durch Massenproduktion konnten die Uhren billiger verkauft werden. Folglich ging der Ertrag des Beha-Unternehmens immer mehr zurück.

Während des ersten Weltkrieges wurden Kriegsaufträge erledigt. Nach dem Krieg fiel Rußland als wichtigstes Absatzland weg, und das Uhrengeschäft kam völlig zum Erliegen.

Für die Firma J. B. Beha war das wohl der größte Rückschlag, von dem sie sich nie mehr richtig erholen konnte.
In den Nachkriegsjahren wurde Lohnarbeit betrieben. England, als weiteres Abnehmerland, hatte eigene wirtschaftliche Schwierigkeiten, doch der Export lief nach der Inflation 1926/27 noch einmal relativ gut. 1929 beendete die Weltwirtschaftskrise sämtliche Geschäfte. Die Kaufkraft war soweit abgesunken, daß niemand mehr im In- und Ausland Uhren kaufen konnte. Große Uhrenfirmen wie Furtwängler in Furtwangen, die Lenzkircher Uhrenfabrikation und Winterhalder & Hofmeier in Neustadt mußten in dieser Zeit ihre Produktion einstellen.

Während der nationalsozialistischen Herrschaft war der Export durch Devisenbewirtschaftung erschwert. Inlandsaufträge konnten, nach Auskunft von Franz Beha, erledigt werden. 1938 übernahm Johann Baptist Beha II, ein Sohn von Lorenz Beha, die Firma. Während des zweiten Weltkrieges wurde der Uhrenhandel eingestellt. Danach konnten noch einmal Inlandsaufträge ausgeführt werden, doch durch Sterbefälle, Besitzwechsel und Geschäftsaufgaben bei den Kunden ging auch der Inlandsmarkt verloren.
1956 mußte die Firma Johann Baptist Beha & Söhne die Produktion endgültig einstellen.

Rechts: Das Haus von J.B. Beha, 1905. Links: Das Haus von Lorenz Beha, in dem die Uhrenproduktion ab 1890 weitergeführt wurde.

3. Produktion und Vertrieb

3.1. Die Produktionsstätte

Die Kuckucksuhrenproduktion von J. B. Beha fand anfangs im kleinen Familienbetrieb statt. Dennoch entwickelte sich die Firma zu einem Kleinunternehmen, das über den Rahmen des üblichen Hausgewerbes hinausgewachsen war.[10]

Während bis in die erste Hälfte des 19. Jahrhunderts der Uhrmacher noch "ganze Uhren" angefertigt hatte, verfeinerte sich in der zweiten Hälfte die Arbeitsteilung: neu hinzu kamen Räderdreher, Kettenmacher, Kastenschreiner und bei den Kuckucksuhren Pfeifenmacher und Vogelschnitzer. Auch leistungsfähige Bestandteilefabriken belieferten die Uhrmacher.

Als selbständiger Meister beschäftigte J. B. Beha mit der Zeit Lehrlinge und Gesellen, und setzte seine Uhren auf eigene Rechnung ab. Er kaufte Rohstoffe und Halbfabrikate bei Metallwarenhandlungen und Fabriken. Im Gegensatz zu den fertig gezahnten Rädern, die nur noch nachgearbeitet werden mußten, bezog Beha vermutlich aus Gießereien Rohgußräder, die er selbst nachdrehte und zahnte.

Auch unselbständige Heimarbeiter, die aus Rohmaterial Bestandteile herstellten und diese wieder an den Auftraggeber zurückgaben, arbeiteten für Beha. Typische Arbeiten waren das Anfertigen von Kuckucks- oder Wachtelpfeifen. 1873 sollen insgesamt 24 Arbeiter bei Beha angestellt gewesen sein,[11] und 1881/82 außer

Werkstatt im Jahr 1935. In der Mitte: Lorenz Beha mit seinem Sohn Joh. B. Beha II (1892-1982) und seinem Enkel Engelbert.

Werkstatt, um 1935. Rechts: Lorenz Beha. Links sein Sohn Josef.

seinen beiden Söhnen noch 9 Arbeiter, die am Tag zwischen 1 und 2 Mark verdienten.[12]

Welche Bestandteile J. B. Beha und seine Söhne von welchen Produzenten bezogen haben, läßt sich heute nicht mehr genau nachvollziehen. Auf jeden Fall konstruierten und bauten sie ihre qualitätsvollen Werke selbst. Die Uhrenkastenschreiner Peter Wehrle aus Dittishausen und August Tritschler aus Furtwangen stellten kunstvolle Gehäuse für Beha her.[13] Lorenz Beha, der Tritschler von der Kunstgewerbeschule in Karlsruhe her kannte, war außerdem ein sehr guter Zeichner und entwarf sogar selbst Kuckucksuhrengehäuse, die er anschließend in Auftrag gab.

Während in der zweiten Hälfte des 19. Jahrhunderts große und kleinere Uhrenfabriken die hohe Nachfrage des Mittelstandes mit Billigprodukten versorgten, wandte das Beha-Unternehmen - sowie einige wenige andere Unternehmen[14] - eine Gegenstrategie an: nicht für die großen Massen sollte produziert werden, sondern für gehobenere Bevölkerungsgruppen, die ihrem Einrichtungsstandard entsprechend, hochwertige Uhren verlangten. Nur durch Spezialisierung auf eine Uhrenart oder auf Uhren, die für die Massenproduktion zu aufwendig waren, sowie mit guter Qualitätsarbeit hatte ein Kleinunternehmen eine Chance zu überleben und sich besondere Abnehmerkreise zu sichern.[15] Das Beha-Unternehmen, in dem die Anfertigung von guten Kuckucksuhren als "ausschließliche Spezialität"[16] betrieben wurde, konnte dadurch seine Produktion aufrechterhalten.

Von links nach rechts: Augustin Tritschler und die drei Brüder Karl, Lorenz und Engelbert Beha.

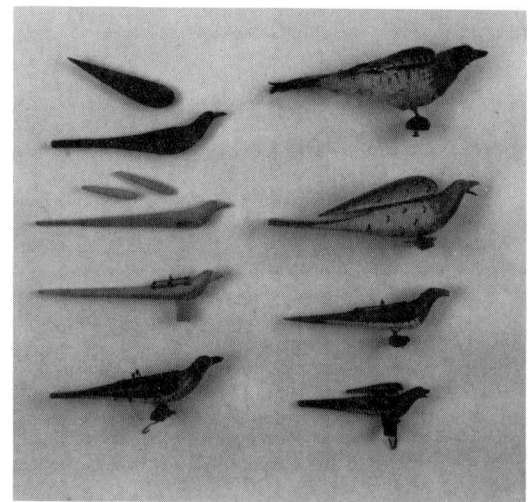

Kuckucksvögel in unterschiedlichen Ausführungen: Oben links eine Musterschablone, oben rechts ein Kuckuck mit echten Federn.

Zeichnung eines geschnitzten Bahnhäusle-Kuckucks. Sign.: "Lorenz Beha, 20.Feb.93, Nr.113, groß, Kasten 4 Zoll tief". Mit Firmenstempel.

Musterkarten mit Zeigern und Ziffern von Leopold Kammerer, St. Georgen. 1884.

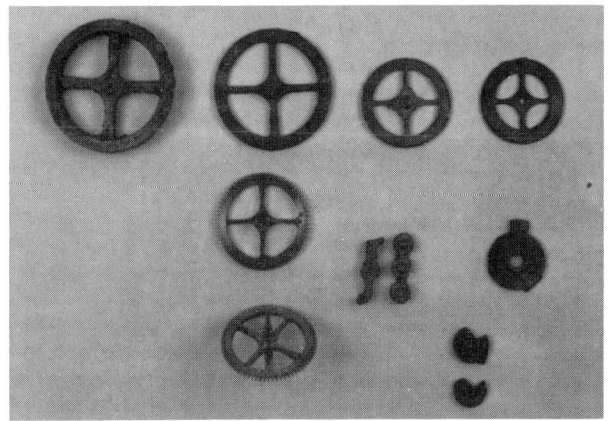

Gußrohlinge aus Messing.
Unten: Fertig gezahnte Räder.

Musterpfeifen. Links: Pfeife in Form eines Kuckucks mit Kuckucksruf zu Prüfzwecken. 2.v.l.: Sign."1927, 1932".

3.2. Form und Stil der Kuckucks-uhren[17]

Kuckucksuhren werden im Schwarz-wald seit Mitte des 18. Jahrhunderts gebaut. Herstellungszentrum ist der nordöstliche Teil des Schwarzwaldes, vor allem der Raum um Triberg und Schonach.

Mitte des 19. Jahrhunderts wurde die Schwarzwälder Uhrmacherei von einer Krise erfaßt. Nachlassende Qualität, hohe Zölle und Einfuhrbe-schränkungen führten zu Absatz-schwierigkeiten. Zudem hatte sich der Geschmack der Kunden gewan-delt, und die bis dahin gängige Lack-schilduhr entsprach nicht mehr den Vorstellungen des emporstrebenden Bürgertums, das nach vornehmeren Uhren verlangte. Dieser Krise ver-suchte man mit neuen Gehäuseformen entgegenzuwirken, und so ka-men um die Mitte des 19. Jahrhun-derts Uhren in den unterschiedlich-sten Stilen auf den Markt. Auch die Kuckucksuhr war diesen Stilwand-lungen unterworfen, da der Kuk-kucksautomat in viele verschiedene Gehäuse eingebaut wurde. Dennoch entstand in dieser Zeit ein eigener Gehäusetyp für die Kuckucksuhr - die Bahnhäusleuhr - die nach 1860 alle anderen Figurenuhren verdrängt und bis heute überdauert hat.

Diese allgemeinen Entwicklungen lassen sich auch bei J. B. Beha auf-zeigen. In seinen Katalogen sind sämtliche Kuckucksuhr-Stilrichtungen abgebildet, wobei aus der Mode gekommene Gehäuseformen immer wieder durch neue Modelle ersetzt wurden.

Rahmenuhr, Bemalung auf Zinn-blech, Sign. J.B. Beha, um 1860 (Privb.).

Die Rahmenuhr mit Kuckuck

Rahmenuhren sind in eine Art Bilder-rahmen eingefügt, der oft schwarz poliert ist. Das Schild ist durch ein Glastürchen geschützt. Die Dekora-tionen des Innenteils können sehr unterschiedlich sein: als Einfassung vergoldete Wellenstabmuster, mit Malereien verzierte Blechschilder, in Messingblech geprägte Fronten oder Schilder mit Hinterglasmalerei. Die Zifferblätter sind aus Email, und das Kuckuckstürchen befindet sich je-weils im oberen Drittel. Häufig haben die Uhren auch Augenwenderauto-maten.

Rahmenuhren wurden im Schwarz-wald zwischen 1840-80 gebaut. Ihre Form geht auf Wiener Biedermeier-modelle zurück. Im Vergleich zu anderen Kuckucksuhren, besonders den Bahnhäusleformen, begegnen uns Rahmenuhren mit Kuckuck rela-tiv selten.

Kuckucksuhr in Biedermeierform mit Alabastersäulen. J.B. Beha, 1844 (Privb).

Die Kuckucksuhr in Biedermeier-form

Biedermeieruhren bestehen aus einer Kombination von Rahmenuhr mit gesägten und gedrechselten Auf- und Untersätzen. Im Aufsatz befindet sich meist der Kuckuck. Im Schwarzwald wurde dieser Uhrentyp vor allem nach 1850 gebaut. Elemente von Biedermeiermöbeln aus der Zeit zwischen 1815-30 dienten vermutlich als Dekorations-Vorbilder: Holz-/ Por-zellansäulen, Spiegelrahmen, ge-drechselte Knäufe, Friese und Trep-pengiebel sowie florale und ornamen-tale Verzierungen, die aufgemalt oder ins vertiefte Holz gezeichnet und mit Farbe gefüllt sind. Solche Uhren wa-ren aus massiven Edelhölzern und paßten in den Salon des Bürgertums.

J. B. Beha hat vermutlich um 1842 seine ersten Uhren dieses Typs ge-baut. Im Rechnungsbuch seiner Fir-ma wurden sie als "Kästle-Gugu" bezeichnet.

Bahnhäusle-Kuckuck mit Laubsägeornamenten und bemaltem Zinnblech. J.B. Beha, um 1860 (Privb.).

Tischkuckucksuhr mit geschnitzten Tieren. Fa. J.B. Beha, um 1870 (Privb.).

Tischkuckucksuhr im Stil der Neogotik, Fa. J.B. Beha & Söhne, um 1880 (Privb.).

Die Bahnhäusle-Kuckucksuhr mit Laubsägearbeiten

Die Bahnhäusle-Kuckucksuhr hat eine hausähnliche Grundform und ist mit ausgesägten hölzernen Schmuckelementen verziert. Vorbilder für diese neue Gehäuseform waren vermutlich die Entwürfe für Bahnwärterhäuschen von Friedrich Eisenlohr, der eine Professur am Polytechnikum in Karlsruhe hatte.
Bei manchen frühen Bahnhäusleuhren ist das Emailzifferblatt in ein bemaltes Blechschild eingefügt. Spätere Uhren haben neben Sägearbeiten schon Schnitzereien als Verzierung, Zifferblätter aus Holz, Zeiger und Ziffern aus Bein und Tannenzapfengewichte. Zwischen Profilleisten ist noch die Hausgrundform erkennbar, doch der Übergang zum Bahnhäusle-Kuckuck ist nicht mehr weit.
J. B. Beha hat 1854 seine ersten "Bahnhöfle-Uhren" mit kolorierten Lithographien gebaut.

Die "klassische" Kuckucksuhr mit Schnitzarbeiten

Der "klassische" Kuckuck ist eine Weiterentwicklung der Bahnhäusle-Uhr mit reichen tiefen Schnitzereien. Später ist sogar die eigentliche Hausform nicht mehr zu erkennen. Beliebte Dekorationen sind Jagdmotive - gekreuzte Gewehre, erlegte Tiere, Tiere des Waldes, Jagdtaschen, Jagdhörner - und pflanzliche Ornamente. Als Bekrönung wurde oft ein Vogel oder ein anderes Tier verwendet. In der Größe und Qualität der Schnitzereien gab es allerdings deutliche Unterschiede, und häufig standen Massenprodukte im Vordergrund.
Im Gegensatz dazu lieferte J.B. Beha ab 1862 Bahnhäusle-Uhren mit geschnitzter Vorderfront, deren Gehäuse sich vor allem durch vielfältige und feine Schnitzereien auszeichnen.

Die Kuckucksuhr im Neo-Renaissance- und Neo-Gotikstil

Ab den 70er Jahren des 19. Jahrhunderts bestimmten Formen des Historismus die Gehäusedekoration der Kuckucksuhren. Vergangene Stilepochen, vor allem Renaissance und Gotik, seltener Rokoko und Barock, wurden wiederaufgenommen. Die Dekorationselemente - Bekrönungen, die an Türme erinnern, Konsolen, Geländer, Voluten, Friese, Wappenschilde, geometrische Ornamente - kamen aus dem architektonischen und ornamentalen Bereich, so daß viele Uhren kleinen Bauwerken ähnelten. Diese Gehäuse wurden jedoch auch ohne Kuckucksautomat für den eher großbürgerlichen Salon gebaut.
Für das ausgehende Jahrhundert war die Dekorationshäufung typisch. Gleichzeitig begann der Jugendstil in den 1890er Jahren den herrschenden Stilpluralismus zu erweitern. Im Verkaufskatalog von Beha aus dem Jahre 1903 sind nur wenige Uhren mit Jugendstilformen verzeichnet.

3.3. Zur Technik der Kuckucksuhren

Kuckucksuhren gehören von ihrer Konstruktion her zu den "Männle"- oder Automatenuhren. Ihre Werke unterscheiden sich nur durch einen Zusatzmechanismus für den Kuckucksruf von den gängigen Schwarzwälder Uhren jener Zeit. Die Werke reichen von hölzernen Uhrwerken über Holz-Metallwerke bis hin zu vollen Metallwerken.

Wie funktioniert die Kuckucksuhr?

Für den Kuckucksruf werden zwei Pfeifen benötigt, die meist in der Tonfolge einer Quart mit den Tönen e-h anzutreffen sind, sowie zwei Blasebälge auf den Pfeifen, die den Luftdruck für die Töne erzeugen:

Das Zeigerwerk löst das Schlagwerk aus, das wiederum einen Hebelmechanismus in Bewegung setzt: Die Vogelwelle wird gedreht, und der Vogel schiebt die Tür vor sich auf. Vor dem Kuckucksruf ertönt gewöhnlich ein Schlag auf eine Tonfeder oder seltener auf eine Glocke. Die an Drähten befestigten Blasebälge werden nacheinander angehoben und erzeugen beim Zusammenfallen zwei Töne, den Kuckucksruf. Gleichzeitig hebt der am zweiten Blasebalg befestigte Pfeifendraht den Vogel unter dem Schwanz hoch und läßt ihn nach vorne wippen. Drähte im Körper steuern das Flügelspreizen und Öffnen des Schnabels.

Bei Uhren mit Kuckucksecho wird ein zweiter Ruf eingebaut, der etwas versetzt abgegeben wird. Gegen Ende des 19. Jahrhunderts kam zum Kuckuck noch eine Wachtel hinzu. Sie schlägt mit 3 gleichen Tönen die Viertelstunden.

Kuckucksuhren mit Federzug

Die Mehrzahl der Kuckucksuhren ist mit einem Gewichtsantrieb ausgestattet. Erst nach 1840 baute man im Schwarzwald teurere Uhren mit Federzug an Stelle des Gewichtsantriebs. Diese Stutz- oder Stockuhren ("gestutzte/verkürzte Uhren") brauchten keinen Platz mehr für die sinkenden Gewichte und konnten als Tischuhren auf Möbelstücke oder Konsolen gestellt werden. An der Großherzoglich Badischen Uhrmacherschule in Furtwangen wurde die Stockuhrmacherei nach englischer Bauart vor allem durch deren ersten Lehrer Lorenz Bob gefördert und vervollkommnet. Diese hochwertigen Zugfederuhren werden mit Darmsaite und der "Schnecke" angetrieben. Die Schnecke bewirkt eine annähernd konstant bleibende Antriebskraft und damit eine genaue Zeiteinhaltung und ein gleichmäßiges Schlagen.[18]

Metallräderwerk im Holzgestell mit Kuckucksautomat und Federaufzug. Typisches Beha-Werk.

a Schnecke
b Darmsaite
c Federhaus
d Gewindestange
e Pfeife mit Blasebalg

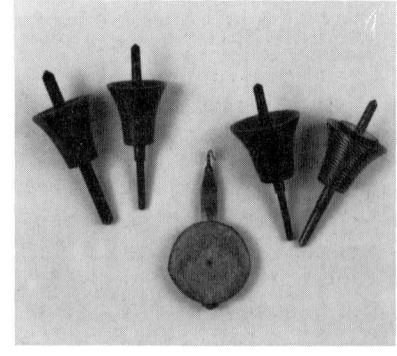

Schneckenrohlinge: Links: Holzmuster. Bleigefüllte Pendellinse.

Die Kuckucksuhrwerke von J. B. Beha & Söhne

J. B. Beha baute anfangs, ab 1830 nur Werke mit hölzernen Stabplatinen, Metallräderwerk und Gewichtsantrieb. Ab März 1844 stellte er seine ersten Kuckucksuhren mit 50-stündigem Federzugwerk her. Er war vermutlich der erste Schwarzwälder, der Federzugwerke in Kukkucksuhren einbaute. Zwischen 1845 und 1850 hat er wahrscheinlich auch als erster Tisch- und Wandkuckucksuhren mit 8-Tage-Werken nach englischer Konstruktion - mit Schnecke und Darmsaite - gebaut.[19]

Seine Werke zeichnen sich einerseits durch die besondere Größe der Holzplatinen aus (T: 13,5, H: 25,5, B: 16cm), wobei die Konstruktionsweise frühen englischen Bracket Clocks ähnelt. Auffallend sind aber auch die Gewindestangen, die die vorderen Platinen, teilweise auch Gestellboden- und Deckel, durchziehen und für große Stabilität des Holzgestells sorgen. Die Pfeifen sind direkt in das Werk integriert, während sie bei vielen anderen Kuckucksuhren am Gehäuse befestigt sind. Beha benutzte extrem lange Pendelfedern mit schweren Pendellinsen, die weniger anfällig für äußere Einflüsse sind, und für den Federzug verwendete er sehr starke Federn. Besonders eindrucksvoll ist die Nachahmung des naturgetreuen Kuckucksrufes. Teilweise baute er dazu die sonst selten verwendeten runden Pfeifen ein, deren halbrunde Öffnungen Obertöne vermeiden und somit eine bessere Klangqualität erzeugen.[20] J. B. Beha baute auch Kukkucksuhren mit Schlagwerksabschaltung für die er spezielle Federbleche einsetzte, so

daß Schlag und Kukkucksruf getrennt oder zusammen abgeschaltet werden konnten. Diese Details verweisen schon deutlich auf die gute Verarbeitung und hohe Qualität seiner Werke, nicht zuletzt deswegen, weil auch Räder und andere Bestandteile nicht geprägt, sondern aus Messing gegossen sind.

Das vielseitige Angebot an Kukkucksuhren zeigt die nachfolgende Auflistung aus einem "Preis-Verzeichniss" der Firma Joh. B. Beha & Söhne von 1888: "Kukukuhren mit Ketten 30 Stund und Kukukuhren mit Federkraft 50 Stund gehend, Kukukuhren mit Federkraft (Schnecken) 8 Tag gehend, Vierteluhren mit Kukuk und Wachtel mit Ketten 30 Stund oder mit Federkraft 8 Tag gehend, Vierteluhren mit Nachteule statt Wachtelschlag, Regulateur mit Kukuk 8 Tag gehend mit Federkraft (Schnecken) Massivwerk, Kukukuhren mit Kapuziner, welcher 3 mal läutet oder mit Musikwerken 6 Stück spielend", desweiteren "Kukukuhren mit Echo und mit ganz natürlichem Kukukruf (starker Ruf)" oder "Kukukuhren mit Massivwerk".

Während Behas Söhne Lorenz und Engelbert mehr Uhren für den Verkauf produzierten, konnte J. B. Beha sein Können auch bei Präzisionsuhren und Wanduhren mit Datumsanzeige unter Beweis stellen.

Hinteransicht eines Kuckucksuhrwerkes. Metallräder im Holzgestell, Federaufzug, lange Pendelfeder. Fa. J. B. Beha & Söhne, um 1880.

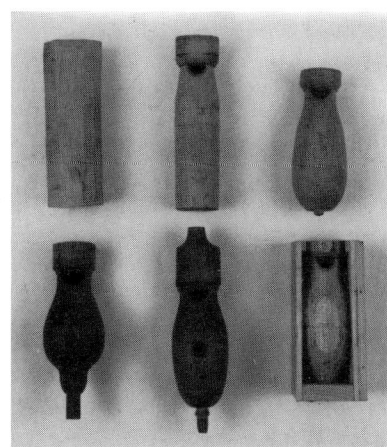

Muster für Kuckuckspfeifen, Links oben: Rohling. Rechts unten: Fertig eingebaute Pfeife.

Die "Bad-Uhr" - eine Präzisionsuhr von J.B. Beha[21]

Im Hotel-Gasthof Bad in Eisenbach steht heute noch eine voll funktionsfähige Präzisionspendeluhr von J. B. Beha, der Besitzer des damaligen Gasthauses war und die Uhr 1864 baute. Der Name "Bad" weist gleichzeitig auf den ehemaligen Badebetrieb mit einer eisenhaltigen Quelle hin.

Die Uhr steht mitten im Gastraum und ist von zwei Seiten aus zu sehen. Vorn und hinten sind Glastüren für die beiden Zifferblätter und das Gehäuse angebracht. Das Zifferblatt hat einen Durchmesser von 40cm und besteht aus bemaltem Blech mit aufgesetzten Emailziffern. Auf zwei Seiten zeigt es die Ortszeit mit Stunden, Minuten und Sekunden an, auf sechs kleinen Zifferblättern die Ortszeiten von London, Paris, St. Petersburg, Konstantinopel und New York.

Auffallend ist, daß der Sekundenzeiger für 60sec nur 40 Schritte benötigt, was bedeutet, daß das Pendel ein 1 1/2-Sekunden-Pendel ist. Das schwere Pendel wiegt ca. 65kg. Es ist ein Rostpendel, wobei 11 Stahl- und Messingstäbe bei Temperaturschwankungen ihre Längenänderung gegenseitig kompensieren und für einen korrekten Temperaturausgleich sorgen. Die Pendellinse hat einen Durchmesser von 50cm. Beha hat das große Pendel an einen über der Uhr liegenden Haken an der Decke gehängt, da es für eine Pendelfeder zu schwer gewesen wäre. Die Amplitude des Pendels liegt unter 20mm. Es macht 40 Schläge pro Minute, woraus sich die mathematische Länge von 2,25m ergibt (1,5 x

1,5sec). Die Gesamtlänge beträgt etwas mehr als 2,5m.

Da das Pendel in der Decke aufgehängt ist, das Uhrwerk aber 30cm tiefer sitzt, ist der Drehpunkt des Pendels und des Ankers nicht auf gleicher Höhe. Folglich hat die Ankergabel bei jeder Schwingung eine reibende Bewegung entlang der Pendelstange. Durch die polierte Ankergabel und die sauber geschliffene Pendelstange sowie die kleinen Amplituden ist ein exaktes Gehen der Uhr gewährleistet.

Das solide gebaute Messingwerk mit Massivanker ist ohne Schlagwerk. Die Eingriffe zwischen Rädern und Trieben sind exakt gesetzt und laufen mit sehr wenig Reibung. Das Uhrwerk, die sieben Zeigerwerke und das große Pendel werden von einem Bleigewicht mit nur 1000g über eine Kette angetrieben. Aufgrund dieser technischen Einzelheiten darf man wohl von einer Präzisionsuhr sprechen, auch wenn die Hemmung eine rückführende ist.

Noch heute ist das Haus im Besitz dieser Familie, denn J.B. Beha war der Urgroßvater der jetzigen Wirtin.

"Bad-Uhr", J.B. Beha, 1864.

Wanduhr mit Datumsanzeige, J.B. Beha, um 1890. Das Gehäuse ist in die Wand eingelassen.

3.4. Vertrieb

Die Karte auf der umliegenden Seite zeigt, daß das Beha-Unternehmen Kuckucksuhren fast weltweit exportiert hat. Gleichzeitig wird ersichtlich, welche Uhrentypen in einzelne Länder versandt wurden.

Bereits in den ersten beiden Geschäftsjahren 1845/46 lieferte J. B. Beha Kuckucksuhren nach Spanien, Schottland und Siebenbürgen. Kuckucksuhren mit Hohlkehlrahmen und Gemäldeeinlagen sowie "Kukukuhren in polirten Kästen" gingen vor allem nach Rußland und in die Balkangebiete.[22] Rußland entwickelte sich zum größten Abnehmer, und Karl Schott berichtete 1873, daß nur "die beste Ware" verlangt werde. Zu den weiteren Hauptabsatzgebieten gehörten England, Spanien, Frankreich und Amerika. Schlichtere Kuckucksuhren in polierten Kästen sowie "bessere Zugfederuhren" entsprachen mehr dem englischen Geschmack, während "Kukukuhren in geschnitzten Kästen" vorwiegend nach Nord- und Südamerika verschickt wurden.[23]

In England und Amerika übernahmen mehrere Vertretungen den Uhrenhandel für Beha wie beispielsweise Camerer, Cuss & Co in London, die bis nach Indien lieferten, sowie Morath Brothers in Liverpool und Fa. Böhringer in Belfast.[24]

Über die Vielseitigkeit der Produktion geben nicht nur Originalkataloge von Beha mit durchschnittlich 130 verschiedenen Kuckucksuhr-Modellen Auskunft - auch bis zu 15-seitige Preisverzeichnisse mit Uhren der unterschiedlichsten Ausführungen vermitteln eine Vorstellung von der Größe der Produktion. Die Preisspanne zwischen den einzelnen Uhren war jedoch sehr groß: Um 1888 kostete die teuerste Uhr 220 Mark, die billigste 10 Mark. Vergleicht man dazu den Tagesverdienst eines Heimarbeiters von 1-2 Mark, so wird deutlich, daß Beha vor allem für gehobene Bevölkerungsschichten produziert hatte. Zu seinen Spezialitäten gehörten hochwertige Federzugkuckucksuhren, wobei 50-stündige um ca. 9 Mark und 8-Tage-Uhren um ca. 23 Mark teurer waren als Uhren mit Gewichtsantrieb.

Den Preisverzeichnissen legte Beha zu bestimmten Uhren Zeichnungen bei, die 1/8 oder 1/6 der Originalgröße hatten.

Ein erhaltenes Rechnungsbuch vermerkt für die Jahre 1839-45 365 Kuckucksuhren im Gesamtwert von 2000 Gulden, die J. B. Beha vermutlich noch auf eigene Rechnung bei seinem Vater hergestellt hat.[25]

In den Jahren 1877-79 stellte das Beha-Unternehmen 1121, 1392 und 1190 Kuckucksuhren her. Ein deutlicher Geschäftsrückgang - vermutlich durch die Konkurrenz und die häufigere Zahlungsunfähigkeit der Schuldner - fand dagegen 1882/1883 statt, als einmal 922 und im nächsten Jahr nur 666 Kuckucksuhren exportiert werden konnten. J. B. Beha soll sich dennoch als tüchtiger Geschäftsmann erwiesen haben, da er sich häufig den Grundbesitz seiner Schuldner im Falle eines Konkurses durch Pfandbucheinträge an erster Stelle gesichert hatte.[26]

Werbekarte der Firma J.B. Beha & Söhne.

Uhrenexport der Firma Joh. B. Beha & Söhne im 19./20. Jahrhundert

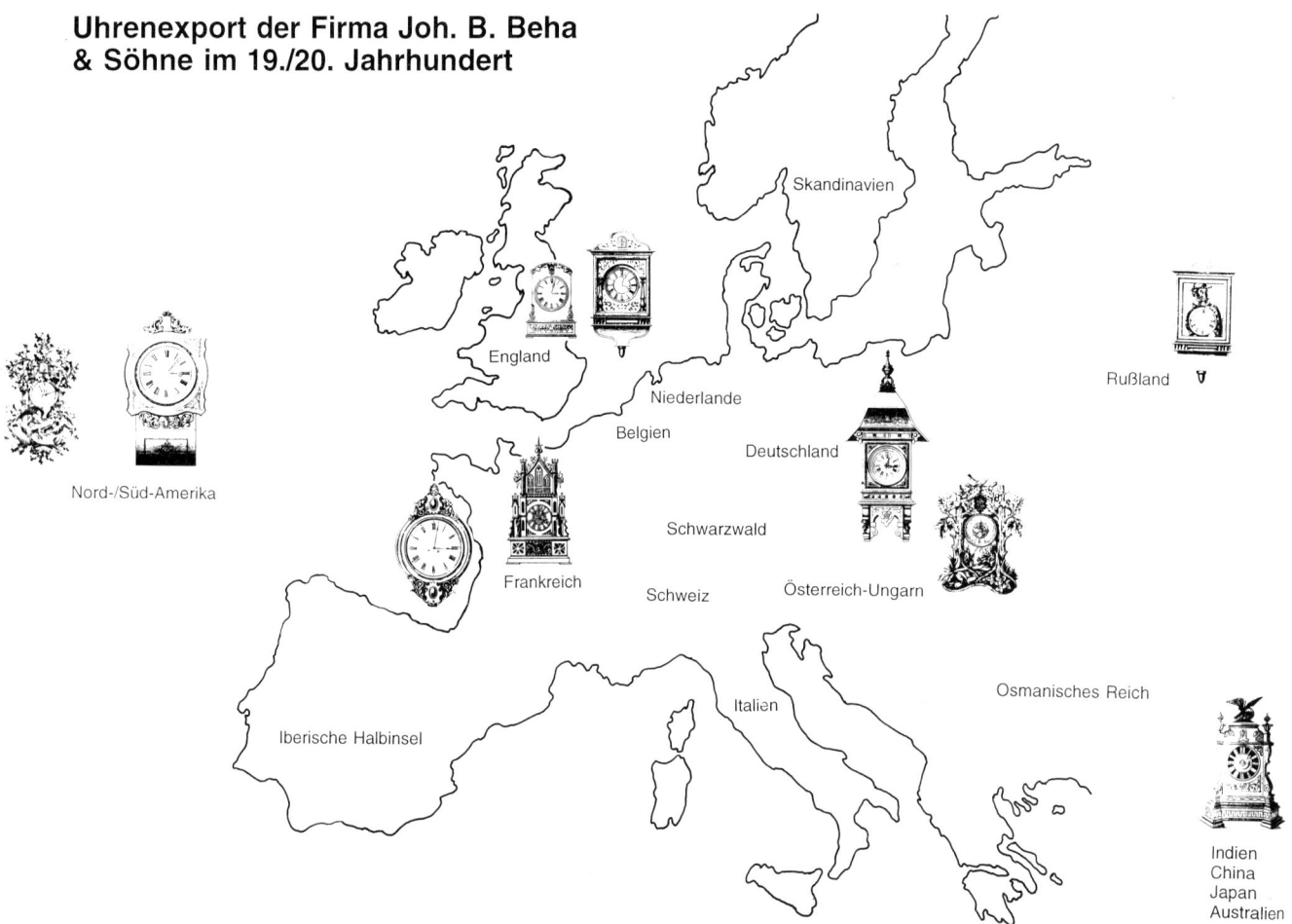

Skandinavien

England

Niederlande

Belgien

Deutschland

Rußland

Nord-/Süd-Amerika

Schwarzwald

Frankreich

Schweiz

Österreich-Ungarn

Iberische Halbinsel

Italien

Osmanisches Reich

Indien
China
Japan
Australien

Uhrenexport. Karte: Ulrike Schwarz.

Außer Beha stellten auch noch andere Uhrmacher Kuckucksuhren von guter Qualität her, beispielsweise Fidel Hepting in Gütenbach und Theodor Ketterer in Furtwangen. Sie bekamen vom Vorstand der Großherzoglichen Gewerbehalle zu Furtwangen, Karl Schott, 1873 die gleiche Bedeutung zugemessen, wie J.B. Beha.[27] Ob diese Behauptung zutrifft soll hier nicht erörtert werden, denn bisher fehlen noch vergleichende wissenschaftliche Untersuchungen. Entscheidend ist dabei auch die Quellenlage. Während wir bei Beha auf recht viele Uhren und Kataloge zurückgreifen können, sind zu anderen Uhrenfirmen kaum Materialien vorhanden. Zudem muß darauf hingewiesen werden, daß die zweifelsfreie Zuschreibung mancher Uhren zu bestimmten Werkstätten manchmal recht schwierig ist, da beispielsweise die gleichen Uhrengehäuseschreiner für mehrere Kuckucksuhrenhersteller gearbeitet haben und zeitweilig Uhren nicht signiert wurden.[28]

Depot der englischen Handels-Vertretung Camerer Kuss & Cie. in London, um 1900.

Werbekarte von Camerer Kuss & Cie., London.

No. 680.   93/49 ctm.

No. 681.   104/40 ctm.

No. 703.   105/44 ctm.

No. 701.   80/55 ctm.

No. 705.   62/36 ctm.

Auszug aus einem Verkauskatalog der Firma J.B. Beha & Söhne, um 1895.

30 hour, Cuckoo Clocks, to hang with weights.

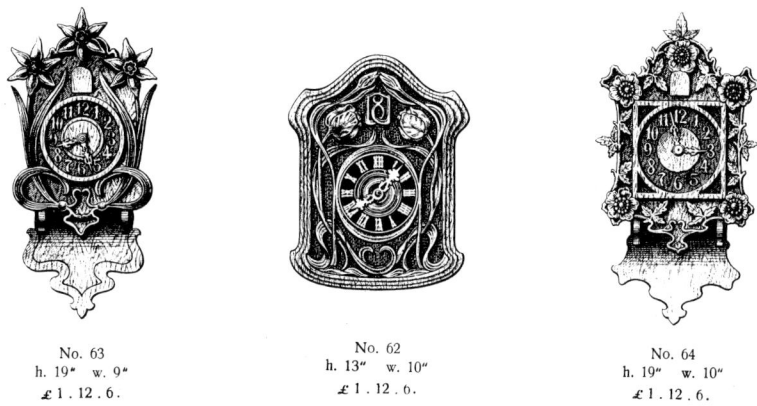

No. 63
h. 19" w. 9"
£ 1 . 12 . 6 .

No. 62
h. 13" w. 10"
£ 1 . 12 . 6 .

No. 64
h. 19" w. 10"
£ 1 . 12 . 6 .

Auszug aus einem Verkaufskatalog, Camerer, Kuss & Co., London, um 1900.

Kukuk - Uhren - Fabrikation
von
Joh. B. Beha & Söhne
in
EISENBACH
bei Neustadt, (Bad. Schwarzwald).

Preis-Verzeichniss.

No.	30 stündige Kukukuhren mit Ketten und 50 stündige Kukukuhren mit Federkraft.	Mit Ketten.		Mit Federkraft.	
		Mk.	₰	Mk.	₰
* 115	Mit Bahnhäusleschild . . .	14	—	24	—
* 116	„ „ „ . . .	14	—	24	—
* 117	„ Reblaubkasten	17	—	27	—
* 118	„ „	18	—	28	—
* 145	„ Epheulaub und Hirschkopf	25	—	35	—
* 397	„ Renaissance-Kasten . . .	28	—	38	—
* 398	„ „ . . .	22	—	32	—
* 597	„ Gothischem Kasten . .	20	—	30	—

No.	50 stündige Kukukuhren mit Federkraft und 8 Tag Kukukuhren mit Federkraft.	50 stünd. Kukukuhren.		8 Tag Kukukuhren.	
		Mk.	₰	Mk.	₰
* 397	Mit Renaissance-Kasten . . .	38	—	50	—
* 403	„ Poliertem Stellkasten . .	31	—	43	—
* 597	„ Gothischem Kasten . .	30	—	40	—
* 703	„ Renaissance-Kasten . . .	—	—	140	—
* 704	„ „ . . .	44	—	56	—
* 705	„ Adler-Kasten	64	—	76	—

Preisliste, um 1880.

4. Ausstellungen und Auszeichnungen

Im Zuge der Industrialisierung entstanden Anfang des 19. Jahrhunderts die ersten nationalen Industrie- und Gewerbeausstellungen. Ab 1851 trugen Weltausstellungen zum internationalen Waren- und Ideenaustausch bei. Auf den Ausstellungen konnten Gewerbetreibende die eigenen Produkte vorstellen, andererseits informierten sie über den neuesten Stand anderer Erzeugnisse und boten Gelegenheit, neue Interessenten zu finden. Die von den Regierungen unterstützten Gewerbevereine, die in derselben Zeit entstanden, vertraten nicht nur die Interessen der Gewerbetreibenden, sondern trugen auch zur Verbreitung des Ausstellungswesens bei.

Auch J. B. Beha stellte zusammen mit anderen Schwarzwälder Uhrmachern oder im Rahmen des Eisenbacher Gewerbevereins seine Uhren auf nationalen und internationalen Ausstellungen aus. Er bekam zahlreiche Auszeichnungen für seine Kuckucksuhren - neben "Preis-Diplomen" in Villingen (1858), London (1862), Paris (1867), Freiburg (1887) und Straßburg (1895) auch eine bronzene und silberne Medaille in London (1885) und Karlsruhe (1861) - sowie eine "Verdienst-Medaille" in Philadelphia 1876 und als höchsten Preis die Goldmedaille 1873 auf der Wiener Weltausstellung.

Immer wieder wurde auf die hohe Qualität seiner Uhren hingewiesen: "Die Kukuksuhren Beha's zeichnen sich nicht nur durch gute Werke, sondern auch durch die beste Nachahmung des eigenthümlichen Rufes dieses Vogels aus."[29] Auch auf der Oberrheinischen Gewerbeausstellung in Freiburg erntete das Beha-Unternehmen großes Lob: "Die durch ihre Güte bekannten Kuckucksuhren der Firma Beha & Söhne in Eisenbach, darunter eine prachtvolle Standuhr mit Musik, verdienen ganz besondere Erwähnung; interessant zur Veranschaulichung des Fortschritts ist eine Kuckucksuhr, wie solche von Herrn Beha vor 50 Jahren gemacht wurden."[30]

In Amerika war Herr G.S. Lovell Agent der Schwarzwälder Uhrmacher und importierte Beha-Uhren von 1873 bis 1906. 1876 schickte ihm J. B. Beha zur Weltausstellung in Philadelphia 46 Kuckucksuhren im Gesamtwert von $ 636. Es wurden zwar alle Uhren verkauft, doch nach der Ausstellung meist nur kleinere Größen, weil die Transportkosten und Zölle bei größeren Uhren zu hoch waren.

Zur Weltausstellung nach Chicago hatte Beha 1893 nur 8 Uhren gesandt. Zwei davon waren mit Schnitzwerk, die anderen im Neo-Renaissance- oder Architekturstil, der jedoch offenbar nicht dem Geschmack der Amerikaner entsprach. Ein Ausstellungsteilnehmer beobachtete: "Die im Schwarzwaldstile ausgestatteten Kuckucks- und Wachteluhren der Fabrikanten Joh. B. Beha & Söhne in Eisenbach waren stets umlagert, wenn die Zeit des Vogelrufes herbeikam..."[31]

Auch hier verkaufte Beha alle ausgestellten Uhren, doch in den folgenden Jahren hatten abermals nur die billigen Modelle Chancen auf dem US-Markt.[32]

No. 124.   50/38 ctm.

Bahnhäusle-Kuckuck Nr.124. In Philadelphia für $4.90 verkauft. Meist-
verkaufte Beha-Uhr in Amerika von
1876-1880.

No. 539.   60/43 ctm.

Tischkuckucksuhr Nr.539, mit geschnitztem Hirsch, Hund und Adler.
In Philadelphia für $17.16 verkauft.
Gehörte zu den meistverkauften
größeren Beha-Uhren in Amerika von
1876-1880.

Tischkuckucksuhr Nr.570, sog. "Her-
renhäusle". Musikwerk mit 6 Stücken,
Emailzifferblatt. Fa. J.B. Beha &
Söhne. Ausstellungsstück in Philadelphia 1876.

Wandkuckucksuhr Nr.324, in "go-
thischem Kasten". Fa. J.B. Beha &
Söhne. Ausstellungsstück in Philadelphia 1876.

Abkürzungen

GLA, KA: Generallandesarchiv Karlsruhe
STA, FR: Staatsarchiv Freiburg

Anmerkungen

1 H. Kahlert: 300 Jahre Schwarzwälder Uhrenindustrie, Gernsbach 1986, S.21.
2 Auf dem hohen Wald. Heimatgeschichte von Eisenbach, Bubenbach und Oberbränd, Titisee-/Neustadt 1991, S.156/157.
3 Wie Anm. 1, S.51.
4 GLA, KA, Abt.236/5857.
5 GLA, KA, Abt.366/Zugang 1933, Nr.7, Fasz. 204.
6 H. Kahlert: Vom Hausgewerbe zur Uhrenfabrik, Furtwangen 1989, S.159.
7 Wie Anm. 5.
8 Wie Anm. 5.
9 Franz Beha schrieb die Geschichte der Familie Beha nieder, aufgrund mündlicher Überlieferung seines Vaters Lorenz und seines Onkels Engelbert Beha sowie nach vorhandenen Unterlagen.
10 R. Mühe u.a.: Kuckucksuhren, Furtwangen 1988, S.102.
11 Amtlicher Katalog der Wiener Weltausstellung, S.512.
12 STA, FR, Bez.Amt Neustadt, P.261, Nr.318.
13 August Tritschler lieferte seine Gehäuse auch an Emilian Wehrle und Lorenz Furtwängler Söhne. Peter Wehrle lieferte an Rupert Maurer. Vgl.: W. Schneider,: Frühe Kukucksuhren von J.B. Beha aus Eisenbach, in: Alte Uhren, H.3, 1987, S.46.
14 Beispielsweise Emilian Wehrle, Winterhalder und Hofmeier, Maurer und Höfler, die Uhrenfabrik Lenzkirch sowie Lorenz Furtwängler Söhne in Furtwangen. Vgl. W. Schneider: Black Forest Cuckoo Clocks, S.128.
15 R. Ortenburger: Black Forest Clocks, West Chester 1991. W. Schneider: Black Forest Cuckoo Clocks, S.128.
16 Wie Anm. 12.
17 Vgl.: R. Mühe u.a.: Kuckucksuhren, Furtwangen 1988. Angaben zu Beha von: W. Schneider: Frühe Kuckucksuhren, 1987.
18 Vgl.: G. Bender: Die Uhrmacher des hohen Schwarzwaldes, Bd.I, S.268/269, S.319ff.
19 Vgl.: W. Schneider: Frühe Kukucksuhren und R. Ortenburger, R., Black Forest Clocks, West Chester 1991.
20 Nach Auskunft von M. Naeschke, Haigerloch.
21 Von: R. Menke: Eine Schwarzwälder Uhr ganz besonderer Art, S.72-72.
22 W. Schneider: Frühe Kuckucksuhren, S.50.
23 K. Schott: Die Schwarzwälder-Uhrmacherei, Furtwangen 1873, S.47/48.
24 F. Beha: Chronik der Uhrmacherfamilie Beha, S.3.
25 W. Schneider: Frühe Kukucksuhren, S.46.
26 Wie Anm. 12.
27 Wie Anm. 23, S.36.
28 Vgl. Anm. 13. W. Schneider hat sich sehr intensiv mit Beha auseinandergesetzt. Über Vergleiche zwischen Beha, Ketterer und Hepting vgl. W. Schneider: Frühe Kuckucksuhren, S.50.
29 R. Dietz, R.: Commissions-Bericht über die Schwarzwälder Industrieausstellung zu Villingen 1858, Karlsruhe 1858, S.45.
30 Zit. nach: Auf dem hohen Wald, S.201.
31 Wie Anm. 30, S.202.
32 Vgl.: Schneider, W.: Black Forest Cuckoo Clocks, 1988.

Literatur

Amtlicher Katalog der Ausstellung des Deutschen Reiches. Wiener Weltausstellung, Berlin 1873.

Amtlicher Katalog der Ausstellung des Deutschen Reiches. Columbianische Weltausstellung in Chicago, Berlin 1893.

Auf dem hohen Wald. Heimatgeschichte von Eisenbach, Bubenbach und Oberbränd, hg. v. Franz Fettinger, Titisee-Neustadt 1991.

Beha, Franz: Chronik der Uhrmacherfamilie Beha, Eisenbach 1988. (Unveröff. Manuskript).

Bender, Gerd: Die Uhrmacher des hohen Schwarzwaldes und ihre Werke, 2 Bde., Villingen 1975/78.

Blackwell, Dana J.: Vienna Regulators of Lenzkirch and Lorenz Bob, Bristol 1981.

Dietz, R. u.a.: Commissions-Bericht über die Schwarzwälder Industrieausstellung zu Villingen 1858, Karlsruhe 1858.

Dietz, R.: Die Gewerbe im Großherzogtum Baden, Karlsruhe 1863.

Kahlert, Helmut u. Franz Herz: Vom Hausgewerbe zur Uhrenfabrik, Furtwangen 1989 (Furtwanger Beiträge zur Uhrengeschichte, 5).

Kahlert, Helmut: Schwarzwälder Kuckucksuhren, in: Weltkunst, H.24, 1992, S.3596-3597 u. 162-163.

Kochmann, Karl: The Black Forest Cuckoo Clock, Concord 1976.

König, W.: Bekannte Meister im einsamen Schwarzwaldhaus, in: Uhrmacherkunst, Nr.35, 1934, S.437-439.

Meitzen, August: Über die Uhrenindustrie des Schwarzwaldes, in: Alemania, I, Freiburg 1900.

Menke, Richard: Eine Schwarzwalduhr ganz besonderer Art, um 1864, in: Alte Uhren, Nr.5, 1987, S.72-73.

Mühe, Richard, Helmut Kahlert, Beatrice Techen: Kuckucksuhren, Furtwangen 1988.

Offizieller Katalog der Oberrheinischen Gewerbeausstellung in Freiburg i.Br., Freiburg 1887.

Ortenburger, Rick: Black Forest Clocks, West Chester 1991.

Schaaf, Berthold: Schwarzwalduhren, Freiburg 1988.

Schneider, Wilhelm: Frühe Kuckucksuhren von Johann Baptist Beha aus Eisenbach im Hochschwarzwald, in: Alte Uhren und moderne Zeitmessung, H.3, 1987, S.45-53.

Schneider, Wilhelm: The Cuckoo Clocks of Johann Baptist Beha of Eisenbach in the Black Forest, in: Antiquarian Horology, V. 17, Nr.5, 1988.

Schneider, Wilhelm u. Monika: Black Forest Cuckoo Clocks at the Exhibitions in Philadelphia 1876 and Chicago 1893, in: NAWCC-Bulletin, V.30/2, Nr.253, 1988, S. 116-132.

Schott, Karl: Die Schwarzwälder Uhrmacherei. (Bericht über die Weltausstellung in Wien 1873), Furtwangen 1873.

Von links nach rechts: Lorenz, Johann Baptist II und Engelbert Beha vor ihrem Haus in Eisenbach 1939.